LE PROTECTORAT

DES MISSIONS CATHOLIQUES

EN CHINE

ET

LA POLITIQUE DE LA FRANCE

EN EXTRÊME-ORIENT

PAR

Paul BOELL

Ancien Correspondant particulier du *Temps* à Péking.
Ancien Chef de Service au Gouvernement Général de l'Indo-Chine.

Prix : UN franc.

PARIS

INSTITUT SCIENTIFIQUE DE LA LIBRE-PENSÉE

10, RUE MONSIEUR-LE-PRINCE, 10

1899

LE PROTECTORAT

DES MISSIONS CATHOLIQUES EN CHINE

LE PROTECTORAT

DES MISSIONS CATHOLIQUES

EN CHINE

ET

LA POLITIQUE DE LA FRANCE

EN EXTRÊME-ORIENT

PAR

Paul BOELL

Ancien Correspondant particulier du *Temps* à Péking,
Ancien Chef de Service au Gouvernement Général de l'Indo-Chine.

————

PARIS

INSTITUT SCIENTIFIQUE DE LA LIBRE-PENSÉE

10, RUE MONSIEUR-LE-PRINCE, 10

—

1899

TABLE DES MATIÈRES

CHAPITRE III

Le Protectorat sert-il les intérêts de la France?

CHAPITRE IV

L'abandon du Protectorat est-il désirable?

CHAPITRE V

L'abandon du Protectorat est-il possible?

CHAPITRE VI

Réalisation pratique de l'abandon du Protectorat.

CHAPITRE VII

Notre politique en Extrême-Orient. — Conclusion.

LE PROTECTORAT DES MISSIONS CATHOLIQUES

EN CHINE

ET LA POLITIQUE DE LA FRANCE

EN EXTRÊME-ORIENT

AVANT-PROPOS

Les journaux parisiens recevaient tout récemment de la Revue *les Missions catholiques*, publiée à Lyon, la nouvelle suivante, communiquée de Péking par Mgr Favier et que nous reproduisons textuellement :

Un décret important vient de paraître, et je me fais un devoir de vous en envoyer une copie. Par ce décret, LL. MM. II., *motu proprio*, approuvent la religion catholique et son culte, reconnaissent qu'elle est répandue dans tout l'Empire, et c'est pour la protéger plus efficacement qu'un règlement en cinq articles est rédigé.

Les évêques sont reconnus avec un grade égal à celui de vice-roi et de gouverneur de province, les missionnaires avec un grade proportionné avec leur dignité.

Les uns et les autres peuvent aller voir les autorités, et traiter avec elles à l'amiable toutes les affaires religieuses.

Le souverain pontife est désigné sous le nom de kiao-hoang (empereur de la religion).

Le protectorat est reconnu avec tous ses priviléges. Le ministre de France peut seul traiter *officiellement*. Les évêques doivent toujours avoir recours à lui lorsqu'ils n'ont pu traiter à *l'amiable*, ou qu'ayant traité, il est nécessaire de faire reconnaître l'arrangement d'une manière *officielle*, et veiller à l'exécution des clauses de cet arrangement.

Tout en conservant donc le protectorat intact, les évêques possèdent aujourd'hui un grade et une puissance qu'ils n'avaient jamais eus jusqu'ici en Chine.

Notre intelligent ministre à Péking, M. Pichon, comprenant les avantages de cette convention et pour la France et pour la religion, y a donné son approbation, et l'a expédiée lui-même aux évêques.

Le décret ne nous délivrera pas complétement des persécutions partielles; les rebelles et les bandits existeront toujours ; mais, du moins, le *gouvernement impérial* montre par cette convention une bonne volonté évidente dont il faut lui savoir gré.

Le lendemain, le journal *le Temps*, dans un coin de son petit supplément du soir, insérait ce qui suit :

Reconnaissance de la religion catholique en Chine.

Lyon, 16 mai.

Une correspondance donne le texte du décret de l'empereur de Chine reconnaissant la religion catholique dans tout l'Empire :

Rapport fixant les relations entre les autorités locales et le clergé catholique, présenté au trône par S. A. I. le prince et LL. EE. les ministres du conseil des affaires étrangères, le 4ᵉ jour de la 2ᵉ lune de la 25ᵉ année Kouang-Su (15 mars 1899).

Que l'on se conforme à ce qui a été décidé !

Respect à ceci !

Des églises de la religion catholique, dont la propagation a été autorisée depuis longtemps par le gouvernement impérial, étant construites maintenant dans toutes les provinces de la Chine, nous sommes désireux de voir le peuple et les chrétiens vivre en paix et, afin de rendre le protectorat plus facile, il a été convenu que les autorités locales échangeront des visites avec les missionnaires dans les conditions indiquées ci-dessous :

1º Dans les différents degrés de la hiérarchie, les évêques étant, en rang et en dignité, les égaux des vice-rois et des gouverneurs, il conviendra de les autoriser à demander à voir les vice-rois et les gouverneurs.

Dans le cas où un évêque sera appelé pour affaires dans son pays, ou s'il venait à mourir, le prêtre chargé de le remplacer sera autorisé à demander à voir le vice-roi et le gouverneur.

Les vicaires généraux et les archiprêtres seront autorisés à demander à voir les trésoriers, les juges provinciaux et les intendants.

Les autres prêtres seront autorisés à demander à voir les préfets de 1re et de 2e classes, les préfets indépendants, les sous-préfets et les autres fonctionnaires.

Les vice-rois, gouverneurs, trésoriers, juges provinciaux, les intendants, les préfets de 1re et de 2e classes, les préfets indépendants, les sous-préfets et les autres fonctionnaires répondront naturellement, selon leur rang, par les mêmes politesses.

2° Les évêques dresseront une liste des prêtres qu'ils chargeront spécialement de traiter les affaires, et d'avoir des relations avec les autorités, en indiquant leur nom et le lieu où se trouve la mission.

Ils adresseront cette liste au vice-roi ou au gouverneur, qui ordonnera à ses subordonnés de les recevoir conformément à ce règlement.

Les prêtres qui demanderont à voir les autorités locales et seront spécialement désignés pour traiter les affaires devront être Européens.

Cependant, lorsqu'un prêtre européen ne connaîtra pas suffisamment la langue chinoise, il pourra momentanément inviter un prêtre chinois à l'accompagner et à lui prêter son concours comme interprète.

3° Il sera inutile que les évêques qui résident en dehors des villes se rendent de loin à la capitale provinciale pour demander à être reçus par le vice-roi ou le gouverneur, lorsqu'ils n'auront pas affaire.

Quand un nouveau vice-roi arrivera à son poste, ou qu'un évêque sera changé et arrivera pour la première fois, ou bien encore à l'occasion de félicitations pour la nouvelle année et les fêtes principales, les évêques seront autorisés à écrire des lettres privées aux vice-rois et aux gouverneurs, et à leur envoyer leurs cartes. Les vice-rois et gouverneurs leur répondront par la même politesse.

Les autres prêtres qui seront déplacés ou qui arriveront pour la première fois, pourront, selon leur dignité, demander à voir les trésoriers et juges provinciaux, les intendants, les préfets de 1re et de 2e classes, les préfets indépendants, les sous-préfets et les autres fonctionnaires, lorsqu'ils seront pourvus d'une lettre de leur évêque.

4° Lorsqu'une affaire de mission grave ou importante surviendra dans une des provinces, quelle qu'elle soit, l'évêque et les missionnaires du lieu devront demander l'intervention du ministre ou des consuls de la puissance à laquelle le pape a confié le protectorat religieux.

Ces derniers régleront et termineront l'affaire, soit avec le Tsong-li-Yamen, soit avec les autorités locales. Afin d'éviter de nombreuses démarches, l'évêque et les missionnaires pourront également s'adresser d'abord aux autorités locales, avec lesquelles ils négocieront l'affaire et la termineront.

Lorsqu'un évêque ou un missionnaire viendra voir un mandarin pour affaire, celui-ci devra la négocier sans retard, d'une façon conciliante, et rechercher une solution.

5° Les autorités locales devront avertir en temps opportun les habitants du lieu, et les exhorter vivement à l'union avec les chrétiens; ils ne doivent pas nourrir de haine et causer de troubles.

Les évêques et les prêtres exhorteront également les chrétiens à s'appliquer à faire le bien, afin de maintenir la bonne renommée de la religion catholique, et faire en sorte que le peuple soit content et reconnaissant.

Lorsqu'un procès aura lieu entre le peuple et les chrétiens, les autorités locales devront le juger et le régler avec équité. Les missionnaires ne pourront pas s'immiscer et donner leur protection avec partialité, afin que le peuple et les chrétiens vivent en paix.

Pour traduction conforme :
Le premier interprète de la légation de France,
H. LEDUC (1).

La signature de M. Leduc, premier interprète de notre légation à Péking, donne à ce document un caractère officiel. Aucune communication du ministère des affaires étrangères n'est venue, du reste, en démentir l'exactitude. Nous tenons donc la pièce pour authentique.

On a le droit d'être surpris qu'une convention aussi importante, datant du 15 mars, n'arrive à la connaissance du public français que deux mois après sa conclusion, alors que des communications télégraphiques s'échangent journellement, pour ainsi dire, entre le quai d'Orsay et notre légation de Chine.

(1) *Le Petit Temps* du 17 mai 1899.

Il semble de plus que cet arrangement, très nouveau dans ses dispositions, qui porte une atteinte grave au protectorat officiellement exercé jusqu'ici par la France, a été conclu directement entre la Chine et un représentant officieux du Saint-Siège. C'est un autre sujet légitime d'étonnement.

La convention en question équivaut tout simplement à la suppression presque totale de notre protectorat religieux en Chine. De ce protectorat, on nous abandonne généreusement toutes les charges, tous les désagréments, tandis qu'on nous enlève les quelques avantages, le peu de prestige qui pouvaient aux yeux de quelques-uns justifier à la grande rigueur son existence.

Le moment nous paraît bien choisi pour examiner de près cette question des missions catholiques en Chine, afin de rechercher quelles solutions elle comporte et recommander ces solutions à la sérieuse considération de nos hommes d'Etat.

CHAPITRE PREMIER

HISTORIQUE DU PROTECTORAT

Le contrôle que la France exerce sur l'ensemble
des missions catholiques de Chine (1) n'est que l'extension du protectorat qui lui a été reconnu sur les lieux
saints et les missions de l'Orient musulman. Il repose
sur l'agrément du Saint-Siège, sur un exercice effectif
et consciencieux depuis plus de cinquante ans (2), sur le
consentement tacite des autres puissances, et enfin sur
les traités et conventions conclus entre la France et la
Chine en 1844, 1858 et 1860.

Faisons très rapidement l'historique de ces diverses
conventions diplomatiques.

Le traité franco-chinois de 1844 fut signé au lendemain
de la fameuse guerre de l'opium, entre la Chine et l'Angleterre. Ce « traité d'amitié, de commerce et de navigation » ne dit pas un mot de la question religieuse,

(1) L'Allemagne, seule de toutes les puissances, et par un arrangement spécial avec le Saint-Siège, protège elle-même, depuis 1891, ses
missionnaires catholiques.

(2) « Certes, je rends pleinement justice au zèle de nos consuls et de
nos ambassadeurs. Presque toujours, ils nous ont prêté un concours
chaleureux et loyal, même ceux qui, n'ayant pas le bonheur d'être
chrétiens, semblaient mal préparés par leurs antécédents à défendre, en
Chine, la religion qu'ils avaient persécutée en Europe. Presque toujours, la haine du sectaire s'est tue devant l'honneur national, et tel
qui avait expulsé les jésuites de France s'est proclamé leur ami et
leur défenseur à Péking. Ce n'est donc pas le zèle de nos agents diplomatiques que j'accuse, c'est leur impuissance que je constate. »
Louis-Eugène Louvet, des Missions étrangères. — *Les Missions catholiques au XIXᵉ siècle* (*les Missions catholiques*, Bulletin hebdomadaire
de l'œuvre de la Propagation de la Foi, nº du 26 juin 1891).

quoique ce fût au fond la *grande pensée* des négociations.
C'est par un édit impérial obtenu par M. de Lagrené,
notre plénipotentiaire, après la signature du traité, que
cette question fut réglée.

J'emprunte à M. Bernard d'Harcourt, qui fut le premier secrétaire de l'ambassade de M. de Lagrené, l'ana-
lyse de ce document :

L'édit ne concernait et n'avait en vue que les chrétiens chinois, qu'on s'interdisait de poursuivre ou d'inquiéter à raison
du culte professé par eux. Les missionnaires étrangers restaient
soumis à la loi commune : ils ne pouvaient être admis que dans
les cinq villes de Canton, Amoy, Ning-po, Fou-Tcheou-Fou,
Shanghaï; s'ils pénétraient dans l'intérieur du pays, ils devenaient
passibles d'un article du traité de Whampoa, stipulant que tout
Français saisi en dehors des limites du territoire ouvert aux étrangers serait reconduit à la frontière sans qu'on pût lui infliger
aucun mauvais traitement et remis entre les mains du consul de
sa nation (1).

Ces stipulations furent obtenues des Chinois en leur
laissant entendre qu'en échange de concessions en faveur
de la religion catholique, la Chine obtiendrait l'appui de
la France contre une nouvelle attaque éventuelle de
l'Angleterre. « Le désir de se ménager des alliés, écrit
M. d'Harcourt, décida enfin les plénipotentiaires chinois
à entrer en pourparlers au sujet de la révocation des édits
contre les chrétiens. »

Quant aux raisons politiques qui poussèrent le gouvernement de Louis-Philippe à assumer le protectorat
des missions catholiques en Chine, elles sont assez clairement visibles. Ne pouvant songer à rivaliser avec
l'Angleterre sur le terrain commercial, la France espé-
rait trouver dans la protection des missionnaires un instrument d'influence, capable de contre-balancer politi-

____

(1) Comte Bernard d'Harcourt. — *La Première ambassade française en
Chine* (*Revue des Deux-Mondes*, 1er juin 1862, p. 663).

quement l'importance acquise, grâce à son commerce, par le gouvernement britannique (1).

Les concessions obtenues en 1844 de la part de la Chine le furent par pure persuasion, sans violence. Sans doute, il était assez étrange, au point de vue du droit des gens, de voir la France s'occuper de stipuler « en faveur des sujets mêmes d'une puissance indépendante sur lesquels (avoue M. Ch. Lenormant) la France ne peut prétendre à exercer aucun droit de protection ». Mais, comme ces dispositions n'étaient pas insérées dans le traité même, qu'elles faisaient l'objet d'un édit impérial qu'on pouvait supposer émaner de la libre initiative du gouvernement chinois, les apparences étaient suffisamment sauves.

(1) « Si l'on examine le mouvement des échanges entre l'Europe et la Chine, on voit que la France est commercialement dans un état d'infériorité complet vis-à-vis de l'Angleterre, et cependant le prestige de notre pays dans ces contrées est sinon supérieur, au moins égal à celui de la Grande-Bretagne. La France regagne, en s'appuyant sur l'élément religieux, ce qui lui manque sur le terrain commercial. »
Comte d'Harcourt, article cité, p. 673.

« La voie interdite à notre commerce est depuis plusieurs siècles ouverte à l'activité des missions. C'est par là que notre nom est connu et respecté en Chine; c'est par là aussi que pénétreront de plus en plus nos idées et notre influence. Si le catholicisme devient prépondérant dans ce pays, le monarque de la France, en sa qualité de souverain de la plus puissante des nations catholiques de l'Occident, sera l'allié naturel de la Chine et son soutien dans ses revers. »
Ch. Lenormant. — *Exposé des négociations au moyen desquelles la France a obtenu le rétablissement du libre exercice de la religion catholique dans l'empire de la Chine* (le *Correspondant*, 10 février et 25 mars 1846).

« La France a de tout temps tenu à honneur de figurer au premier rang des nations chrétiennes : en Chine, elle n'a point failli aux devoirs que lui imposent ses traditions et que lui conseillerait au besoin sa politique. Que ce soit du moins une compensation du rang inférieur qui nous est échu dans l'ordre des intérêts matériels, et si nous sommes forcés de reconnaître à quel point l'Angleterre et les Etats-Unis nous effacent par l'extension toujours croissante de leur commerce et de leur navigation, nous pouvons aussi nous enorgueillir des services éclatants que les missions catholiques de la France ont rendus à la civilisation et à la foi. »
Ch. Lavollée. — *La Politique européenne en Chine* (*Revue des Deux-Mondes* du 15 février 1851, p. 749).

Il ne devait plus en être de même en 1858 et 1860.

La pensée qui inspira la politique de Napoléon III, dans les affaires de Chine, est au fond la même que celle de Louis-Philippe : faire du protectorat religieux un contre-poids à l'influence exercée par l'Angleterre, grâce à son commerce. Nous aurons l'occasion d'examiner le bien-fondé de ces espérances.

Le prétexte de l'expédition de 1857 fut, du côté de l'Angleterre, une *prétendue* violation du pavillon britannique; du côté de la France, le meurtre, dans le Kouang-Si, d'un missionnaire, le P. Chapdelaine, dont la résidence dans l'intérieur de la Chine était parfaitement illégale.

La Chine fut aisément vaincue et contrainte de signer de nouveaux traités avec les puissances alliées.

Le traité de Tientsin, entre la France et la Chine (signé le 27 juin 1858, ratifié le 25 octobre 1860), stipule :

Art. 13. La religion chrétienne ayant pour objet essentiel de porter les hommes à la vertu, les membres de toutes les communions chrétiennes jouiront d'une entière sécurité pour leurs personnes, leurs propriétés et le libre exercice de leurs pratiques religieuses, et une protection efficace sera donnée aux missionnaires qui se rendront pacifiquement dans l'intérieur du pays, munis des passeports réguliers dont il est parlé dans l'article 8 de ce présent traité.

Aucune entrave ne sera apportée, par les autorités de l'Empire chinois, au droit qui est reconnu à tout individu, en Chine, d'embrasser, s'il le veut, le christianisme et d'en suivre les pratiques, sans être passible d'aucune peine infligée pour ce fait.

Tout ce qui a été précédemment écrit, proclamé ou publié en Chine, par ordre du gouvernement, contre le culte chrétien, est complètement abrogé et reste sans valeur dans toutes les provinces de l'Empire.

De son côté, la convention de Péking, du 25 octobre 1860, comprend l'article suivant :

Art. 6. Conformément à l'édit impérial rendu le 20 mars 1846, par l'empereur Tao-Kouang, les établissements religieux et de bienfaisance qui ont été confisqués aux chrétiens pendant les persécutions dont ils ont été victimes, seront rendus à leurs propriétaires, par l'entremise de Son Excellence M. le Ministre de France en Chine, auquel le gouvernement impérial les fera délivrer avec les cimetières et les autres édifices qui en dépendaient.

A cet article, les missionnaires, interprètes de notre ambassadeur, le baron Gros, et à son insu, semble-t-il, ajoutèrent le paragraphe suivant, dans le texte chinois : « Il est en outre permis aux missionnaires français de louer et d'acheter des terrains dans toutes les provinces et d'y ériger des édifices à leur convenance. »

Comme le texte français du traité fait seul foi, cette stipulation introduite par la fraude, *ad majorem Dei gloriam*, est nulle de plein droit. Cela n'a pas empêché les missionnaires et les divers gouvernements qui se sont succédé en France depuis 1860 de s'en prévaloir. Les Chinois n'ont pas protesté : d'abord par ignorance, plus tard par dignité ; mais de semblables procédés sont peu faits, on l'avouera, pour leur donner une haute idée de notre loyauté.

Pour que cette revue des textes sur lesquels s'appuie l'exercice de notre protectorat religieux soit complète, il faut citer encore l'édit impérial obtenu en 1891, par la pression combinée des puissances, après les événements qui désolèrent le bassin du Yangtsé. Nous donnons cet édit *in extenso* ; c'est un intéressant spécimen de littérature chinoise officielle :

Le Tsong-li-Yamen nous adresse un rapport sur les troubles qui ont éclaté dans plusieurs provinces au sujet des missionnaires. Il nous prie de donner des ordres stricts aux vice-rois et aux gouverneurs des diverses provinces, afin qu'ils prennent sans retard des mesures pour les faire cesser. Le rapport du yamen fait connaître que, dans le courant de la 4e lune de la présente année, l'église de Wou-Hou (An-Hui) a été incendiée et détruite par la populace. A Tan-Yang (Kiang-Sou), à Wou-Siue (Hou-Pei) et dans d'autres localités encore, les églises ont également été détruites.

Il conviendrait, suivant le Tsong-li-Yamen, de rechercher activement les coupables et de les arrêter, afin d'empêcher cette agitation de s'étendre.

Les différents pays sont autorisés par les traités à propager leurs religions. Nous avons déjà précédemment publié des décrets ordonnant aux autorités provinciales de protéger (les missionnaires).

Depuis longtemps, le peuple et les étrangers vivaient ensemble en bons rapports. Pourquoi, ces derniers jours, s'est-on mis à incendier et à détruire les églises? Comment ces divers attentats se sont-ils produits presque simultanément? Il y a vraiment là de quoi nous surprendre.

On voit clairement dans ces troubles la main de malfaiteurs qui ont préparé leurs plans dans l'ombre et recruté des complices. Ils ont répandu des mensonges dans le but d'agiter les masses. C'était uniquement pour trouver l'occasion de piller. Ils ont aussi réussi à entraîner même des gens paisibles qui se sont trouvés compromis dans les troubles. Si on ne les punissait pas sévèrement, comment les lois seraient-elles respectées et comment le pays pourrait-il être pacifié?

Nous ordonnons aux vice-rois et aux gouverneurs des provinces du Kiang-Sou, du Kiang-Si, du An-Hui, du Hou-Pei et du Hou-Nan d'enjoindre immédiatement aux autorités civiles et militaires compétentes d'avoir à rechercher et à arrêter les coupables et leurs chefs, de les interroger avec soin et de les punir du dernier supplice, afin de servir d'exemple pour l'avenir.

Les religions de l'Europe ont pour but d'engager les hommes au bien. Quant aux convertis, ils ne cessent pas de faire partie du peuple chinois, et ils restent toujours soumis aux autorités du pays.

A l'origine, le peuple vivait en bonne intelligence avec les chrétiens ; mais des malfaiteurs ont propagé des inventions calomnieuses qui ont déterminé des troubles. Des misérables de cette espèce, il s'en trouve en tous lieux en grand nombre.

Nous ordonnons aux maréchaux tartares, aux vice-rois et aux gouverneurs des provinces intéressées de publier des proclamations pour engager le peuple à ne pas ajouter foi aux faussetés répandues et à éviter de créer de l'agitation.

Si des placards anonymes destinés à agiter la population par des mensonges voyaient le jour, il faudrait faire immédiatement une enquête secrète et prononcer des condamnations très sévères contre leurs auteurs.

Les autorités locales devront prendre les mesures commandées par les circonstances en vue de protéger les personnes et les habitations des commerçants et des missionnaires étrangers. Que l'on empêche la populace de les troubler et de les molester ! Si l'on ne prend des précautions très sérieuses, des difficultés graves pourront surgir.

Nous ordonnons, en outre, qu'on nous présente des rapports sincères pour signaler les fonctionnaires qui se seraient rendus coupables de quelques manquements et proposer des punitions contre eux.

Quant aux affaires de missions en suspens dans diverses provinces, nous ordonnons, de plus, aux maréchaux tartares, aux vice-rois et aux gouverneurs, d'en hâter la solution. Qu'ils évitent de se laisser influencer par les craintes des fonctionnaires sous leurs ordres et de retarder ainsi la liquidation des affaires en retard.

Communiquez et faites connaître ces instructions.

Respectez ceci.

Voilà les principaux textes sur lesquels s'appuie la liberté religieuse en Chine et notre protectorat. Indiquons en quelques mots dans quelles conditions ce protectorat s'exerce.

Le ministre de la République à Péking et les consuls de France dans les diverses parties de l'Empire sont chargés de veiller à l'exécution des traités. C'est à eux que les missionnaires catholiques de toutes nationalités transmettent leurs plaintes, leurs réclamations, en cas de difficultés avec les autorités chinoises ou le peuple. Ce sont les représentants de la France qui s'occupent d'arranger ces difficultés avec les autorités provinciales ou le Tsoung-li-Yamen. Ces affaires prennent la meilleure partie du temps de nos agents diplomatiques et consulaires (1). Elles se terminent le

______

(1) « Les questions relatives aux missions ont absorbé toute l'activité de nos ministres et de nos agents. Chaque meurtre de missionnaire ou de chrétien, chaque pillage de chapelle a été suivi de réclamations persévérantes qui ont amené des châtiments pour les coupables, des

plus souvent, après des pourparlers de durée très variable (six semaines à dix ans), à la satisfaction des missionnaires intéressés. Des indemnités sont accordées par les autorités chinoises pour les édifices détruits ou endommagés, pour les personnes molestées. En cas de meurtre, d'après une récente innovation due à M. Hanotaux, la .compensation pécuniaire s'accompagne de l'érection d'une chapelle expiatoire. On voit combien le Saint-Siège serait mal venu à prétendre que la République française n'exerce pas sérieusement son protectorat. Ni Louis-Philippe, ni Napoléon III n'en ont fait autant!

Maintenant que nous savons quelle est l'étendue du protectorat, il nous faut l'examiner en lui-même et considérer les avantages ou les inconvénients qu'il peut présenter pour la puissance qui l'exerce. Nous ferons cette étude avec une pleine liberté d'esprit, sans fanatisme d'aucune sorte, nous appuyant constamment sur des documents certains, sur des autorités incontestables, contrôlées par notre expérience personnelle des choses de Chine. Tant pis pour le protectorat, si de cette étude sans passion il ressortait, pour les esprits libres et de bonne foi, que les avantages du protectorat sont des plus problématiques, tandis que ses inconvénients sont graves et réels.

Mais, avant d'aborder cette étude, il est nécessaire de parler de la situation morale des missionnaires en Chine. Cette situation connue, nous pénétrerons plus aisément le vrai caractère du protectorat.

indemnités pour les victimes ou les communautés. Sans remonter au delà de 1869, nous avons vu alors le chargé d'affaires français, escorté d'une division navale, se rendre lui-même dans chaque capitale des provinces qui bordent le Fleuve-Bleu jusqu'à Han-Keou, afin de résoudre au profit des missions des questions en litige. Les consulats de Tientsin, de Han-Keou, de Canton, ne sont pas autre chose que des postes affectés à la protection des intérêts religieux. »

P. Giquel. — *La Politique française en Chine* (*Revue des Deux-Mondes*, 1er mai 1872, p. 24).

CHAPITRE II

La profonde hostilité du peuple chinois envers les missionnaires et envers les Occidentaux, en général, est certaine et indéniable. Elle ne fait aucun doute pour toutes les personnes qui ont habité ou seulement visité la Chine. Elle forme, du reste, le thème habituel des lamentations des missionnaires. Elle se manifeste par l'attitude générale du peuple et des fonctionnaires de tous rangs ; par la publication et la diffusion de libelles injurieux et calomnieux contre les chrétiens ; enfin par des attentats assez fréquents contre les propriétés et les personnes des étrangers en général, et plus particulièrement des missionnaires.

Cette hostilité, pour être si universelle, doit avoir des motifs sérieux, ou tout au moins une explication, un prétexte. Ce sont les motifs, c'est l'explication de cette hostilité générale des Chinois envers les étrangers, et plus particulièrement envers les missionnaires, que nous allons rechercher.

Ces motifs d'animosité, les Chinois ont pris soin eux-mêmes de nous en instruire, et il suffit de parcourir les productions de ce qu'on peut appeler leur littérature antioccidentale pour les comprendre, sinon les approuver.

En première ligne se place l'enseignement religieux des missionnaires, lequel est en opposition directe avec la religion du pays. La religion des Chinois, c'est tout simplement le culte des morts. C'est ce culte qui est la base de la doctrine officielle, le Confucéisme. Le Taoïsme et le Bouddhisme, qu'on cite souvent lorsqu'on parle des « trois religions de la Chine », n'ont de fidèles que leurs moines, desservants du culte, qui « vivent de l'autel » et tiennent boutiques de religion. Le peuple, et même les fonctionnaires, fréquentent parfois leurs temples, brûlent de l'encens devant leurs dieux ; mais il n'est jamais question d'affiliation à l'une ou à l'autre de ces deux religions. La seule religion uniformément pratiquée par tous, c'est la religion des morts, la religion des ancêtres, que les missionnaires ont souvent nommée, la désignant par une de ses manifestations les plus caractéristiques, *le culte des tablettes.* Ces tablettes, dont chacun a pu voir des spécimens au musée Guimet, sont de petites stèles en bois peint ou laqué qui portent inscrits le nom et la qualité des morts et reçoivent les hommages des survivants. Le polythéisme chinois est d'ailleurs essentiellement *évhémériste.* « On peut dire que tous les dieux de la Chine sont des morts ; et, en raison des rites du culte des ancêtres, on peut affirmer qu'en un sens tous les morts de la Chine sont des dieux (1). »

Le culte des ancêtres étant la vraie, la seule religion de la Chine, sincèrement pratiquée par tous, grands et petits, les religions nouvelles qui tentaient de s'introduire dans l'Empire devaient nécessairement, sous peine d'échec absolu, tenir le plus grand compte de ses croyances et de ses pratiques. Ni le Bouddhisme ni l'Islamisme n'y ont manqué.

Les premiers missionnaires jésuites, qui arrivèrent en Chine dans les dernières années du xvi° siècle, comprirent eux aussi cette nécessité et tolérèrent le culte des tablettes

____

(1) Arthur H. Smith. — *Chinese Characteristics*, Shanghaï, 1890, p. 355.

et même le culte du grand fétiche, le Ciel, qu'ils essayèrent, il est vrai, d'identifier avec leur Dieu. Les succès importants qu'ils obtinrent à la cour impériale et dans le monde des lettrés furent uniquement rendus possibles par cette intelligente tolérance.

On sait comment la célèbre querelle des rites entre les jésuites et les dominicains (ces derniers tenant pour la rigidité du dogme catholique) fut tranchée par le pape Clément XI en faveur des dominicains, par la bulle *Ex illa die* (19 mars 1715).

De ce jour (*ex illa die*), toute importante action du Catholicisme en Chine fut rendue impossible, tous les efforts des missionnaires présents et futurs devaient être vains : on ne conquiert pas le cœur et l'esprit d'un peuple en battant en brèche, en insultant ses croyances les plus chères et les plus respectées (1).

Donc, premier grief : la religion catholique elle-même.

Les autres griefs d'ordre religieux dérivent de cette

---

(1) « A l'exception de quelques rares individualités d'esprit plus libéral, les missionnaires adoptent une attitude d'implacable hostilité envers toutes les religions et toutes les morales indigènes : ils ignorent entièrement les bons côtés et l'influence moralisatrice de ces doctrines, comme aussi leur tout-puissant empire sur l'esprit chinois et l'autorité qu'elles tirent de leur vénérable antiquité. C'est le cas, notamment, pour le culte des ancêtres, avec lequel ils déclinent toute espèce de compromis..... Le Chinois, qui se tient entièrement satisfait de sa propre religion et ne demande qu'une chose, c'est qu'on le laisse en paix, se voit assailli par une propagande dont le premier acte est de s'attaquer à ce qu'il a de plus cher..... Pour lui, la morale de Confucius résume toutes les obligations de l'homme envers la famille et envers l'Etat..... On réclame de lui une conversion au prix de sa qualité même de citoyen; on lui demande comme première condition de régénération morale de renier ce qui constitue pour lui le principal soutien de toute moralité..... Si des prédicants de quelque foi nouvelle débarquaient en Angleterre, appartenant à une race par nous haïe et méprisée, et qu'ils commençassent leur propagande en attaquant la Bible et en criant anathème à la foi des apôtres, quelle réception leur ferions-nous? »

George N. Curzon. — *Problems of the Far East*, Londres, 1894, p. 309.

opposition fondamentale ou, du moins, n'auraient jamais pris naissance sans elle.

Il s'agit de certaines pratiques des missionnaires qui, mal connues, mal interprétées, à cause de la malveillance, de l'hostilité existantes, ont donné naissance à toutes les abominables histoires inventées et propagées contre les chrétiens, lesquelles trouvent créance auprès des indigènes même très cultivés. Je veux parler de ces vols d'enfants dont les missionnaires sont constamment accusés et qu'ils perpétreraient, suivant la croyance populaire, pour les tuer et utiliser leurs yeux dans des pratiques d'alchimie et de sorcellerie. L'accusation qui a trait aux vols d'enfants s'explique par les pratiques imprudentes des orphelinats catholiques (1); la croyance relative aux yeux arrachés tire son origine du rite de l'extrême-onction. On accuse encore les missionnaires de pratiquer, dans un but analogue, l'avortement des femmes, la castration, etc. On les accuse aussi de mauvaises mœurs. Toutes ces accusations sont sans aucun fondement, est-il besoin de le dire? mais elles sont rendues vraisemblables pour les Chinois par la réunion, dans les églises, des fidèles des deux sexes, contraire à toutes les idées chinoises; par la présence des sœurs de la Sainte-Enfance, et aussi par la pratique de la confession.

Enfin, la jalousie avec laquelle les missionnaires défendent aux non-catholiques l'entrée de leurs établissements, la ténacité qu'ils mettent à se refuser à toute inspection des autorités, justifient aux yeux des Chinois les pires suppositions (2).

----

(1) Le consul britannique de Tientsin écrivait le 20 juin 1870 (*la veille du massacre*) à son ministre à Péking : « The sisters of charity have been very stupid in buying children, and so on... » *Livre Bleu*, China n° 1 (1871).

(2) « Le vrai remède aux soupçons de toute sorte est, pour les missionnaires, de mettre l'autorité chinoise à même de réfuter les men-

Un autre genre de griefs est tiré de l'attitude souvent peu déférente des missionnaires envers les autorités indigènes, de leurs prétentions à l'exterritorialité, non seulement pour eux-mêmes, ce qui serait conforme aux traités, mais même pour les chrétiens chinois. Les missionnaires et leurs fidèles sont considérés comme cherchant à constituer un Etat dans l'Etat, sous la protection de l'étranger.

Un ordre de griefs très particulier, très chinois, est relatif à l'aspect et surtout à la hauteur des édifices du culte qui blessent l'esthétique nationale et portent souvent (c'est du moins la croyance chinoise) un grave préjudice au pays en dérangeant les lois mystérieuses du *foung-choui*, de la géomancie chinoise (1).

Une importante source d'animosité et de conflits a été la stipulation des traités prescrivant le retour à leurs anciens propriétaires des terrains et des édifices autrefois possédés par les missionnaires et dont les persécutions les avaient privés (2).

On peut mentionner encore les souvenirs de la fameuse

---

songes qui se répandent, et pour cela de tenir ouvertes les portes de leurs établissements. »

P. Giquel. — *La Politique française en Chine*, p. 26.

« Une inspection du vice-roi de Nankin, qui vint à la sollicitation des jésuites visiter leur orphelinat, fit tomber de faux bruits répandus dans la populace, et épargna probablement à cet établissement le sort de celui de Tientsin. »

Ibid., p. 25.

(1) « Telle cathédrale qui domine les maisons basses et humbles d'une grande ville soulève dans le cœur d'une population de plusieurs centaines de mille âmes un souffle de colère qui finit par devenir dangereux en un jour de tempête. »

P. Giquel. — *La Politique française en Chine*, p. 29.

(2) « Les missionnaires exigent la restitution de ce qu'ils déclarent avoir appartenu aux chrétiens, sans s'inquiéter des intérêts auxquels ils portent atteinte. Il arrive en plus d'un cas que ce sont de belles maisons appartenant à des lettrés qu'ils revendiquent, et ils en expulsent le propriétaire dans le plus bref délai; mais ce qu'il y a de plus fort et ce qui blesse la dignité du peuple, c'est que souvent ils réclament comme leur propriété des *yamens*, des lieux d'assemblée,

guerre des Tai-Ping, qui fut regardée par beaucoup de Chinois comme une insurrection chrétienne (1). Le chef de cette insurrection, qui mit pendant quinze ans le pays à feu et à sang, et coûta à la Chine des millions de vies humaines, avait puisé dans l'enseignement biblique des missions protestantes ses idées de rénovation religieuse et ses rêves de domination. Certaines sympathies européennes furent vives en faveur des rebelles, et les gouvernements eux-mêmes hésitèrent quelque temps entre le parti de la dynastie et celui du Tai-Ping Wang (2).

des temples tenus en grand respect par les lettrés et les habitants du voisinage.

« Certainement, dans chaque province se trouvent des maisons qui appartenaient jadis à l'Eglise; mais on doit tenir compte du nombre d'années qui se sont écoulées depuis, et songer que les chrétiens ont vendu ces maisons et qu'elles sont peut-être passées entre les mains de plusieurs propriétaires. Il faut aussi considérer que la maison a pu être vendue vieille et délabrée, et que l'acquéreur a peut-être fait de grosses dépenses pour la réparer, ou même en a construit une nouvelle. Les missionnaires ne s'inquiètent pas de tout cela; ils exigent la restitution et n'offrent pas la moindre indemnité. »

Memorandum du Tsoung-li-Yamen aux puissances, 1871.

(1) Le Rév. Joseph Edkins, dans son livre *Religion in China*, qualifie lui-même les Tai-Ping de *christian insurgents* (*Religion in China*, 2ᵉ édition, p. 193).

(2) « Ces succès inouïs frappèrent d'étonnement les étrangers qui résidaient alors en Chine et que leurs affaires ou leurs fonctions avaient fixés dans les cinq ports ouverts par les traités...

. . . .

« Je me trouvais alors à Shanghaï, et je ressentis moi-même les ardeurs de cette fièvre d'espérance qui s'empara tout à coup des résidents étrangers.

« ..... Encore un peu de temps et la Chine serait ouverte, protestante, et qui sait? anglaise ou américaine peut-être ! »

René de Courcy. — *L'Insurrection chinoise* (*Revue des Deux-Mondes*, 1ᵉʳ et 15 juillet 1861).

« Lord Elgin a insisté, à plusieurs reprises, pour que nous évacuassions Canton; je n'ai pas cru pouvoir y consentir, parce que je suis convaincu que, peu de temps après l'abandon de la ville par les Européens, les rebelles s'en empareraient. »

Le baron Gros au général de Montauban, Tientsin, 6 septembre 1860, *Livre Jaune* du baron Gros, p. 63.

« Mon collègue d'Angleterre me semble vouloir pousser les choses un

Les Chinois reprochent encore aux missionnaires de ne compter parmi leurs fidèles que la lie, le rebut du peuple (1), et de déterminer les conversions par des subventions en argent ou d'autres avantages matériels. Ces chrétiens indigènes sont en général fort mal vus de leurs compatriotes ; on leur reproche d'être les agents de l'étranger, d'abandonner le culte de leurs ancêtres, de refuser de contribuer à la construction et à l'entretien des temples, aux frais des représentations théâtrales, de rompre les fiançailles contractées avant leur conversion avec des familles païennes, etc., etc.

Voilà les principaux griefs adressés aux missionnaires et à leurs fidèles.

Disons quelques mots de ceux adressés aux Occidentaux en général.

Le Chinois distingue assez imparfaitement les diverses nationalités des résidents occidentaux. Comme il les voit sur leurs *concessions* frayer ensemble très amicalement ; comme leurs mœurs, leurs habitudes sont les mêmes ; comme ils parlent tous une langue unique, l'anglais ; comme il a eu à se plaindre de tous, à peu d'exceptions près, il confond généralement tous les étrangers sous le nom générique de *yang jen* (hommes de la mer, ou plutôt par un calembour courant : hommes-boucs) ou de *kwei-tse* (diables).

Que nous reprochent les Chinois ?

---

peu trop loin ; voudrait-il renverser la dynastie pour donner la main aux rebelles de Nankin ? »

Baron Gros, 14 octobre 1860, *Livre Jaune*, p. 144.

(1) « ..... Ils (les missionnaires) ont plus difficilement accès dans les classes éclairées, parmi lesquelles se feraient les conversions fructueuses par l'exemple ; leurs néophytes ne se trouvent plus que parmi les pêcheurs, les portefaix, les gens des dernières classes, et même, depuis quelque temps, le nombre ne s'en est accru que dans une proportion insignifiante. »

P. Giquel. — *La Politique française en Chine* (Revue des Deux-Mondes, 1er mai 1872, p. 24).

D'abord notre qualité même d'étrangers : c'est une question de peau et, d'après Gyp, cela ne se raisonne pas;

Ensuite notre manière de vivre, en tout différente de la leur; aussi notre religion, comme nous l'avons vu en parlant des missionnaires;

Puis nos agressions répétées contre la Chine, chacune aboutissant à quelque annexion, à quelque indemnité.

Ils se plaignent aussi de notre invasion commerciale et industrielle : l'importation de nos articles manufacturés, si elle a enrichi quelques commerçants indigènes, a ruiné une partie de la petite industrie du pays.

Par nos steamers naviguant sur le Yangtsé et sur les côtes, nous avons privé de leur travail des dizaines de milliers de braves gens qui vivaient de la batellerie, du transport des marchandises et d'industries annexes.

Nous poursuivons l'accaparement de toutes les richesses du pays et le peuple se verra finalement réduit à un véritable esclavage.

Nous monopolisons de plus en plus les grandes administrations de l'Empire en attribuant les bonnes places et les gros traitements à des fonctionnaires européens.

Nous sommes arrogants, durs, violents; nous ne comprenons rien aux méthodes chinoises, qui naturellement sont les seules bonnes aux yeux des indigènes (1).

(1) « Les Occidentaux jugent-ils un acte utile à leurs intérêts et, d'ailleurs, licite selon leur conception de la morale et des lois de leur pays, ils prétendent aussitôt au droit de l'accomplir en Chine, sans se préoccuper de savoir s'il ne porte pas atteinte aux règles de l'usage ou même aux préceptes de la morale chinoise. Ce n'est pas seulement dans l'ordre des faits économiques que les étrangers se conduisent ainsi, c'est encore dans le domaine religieux. Nous professons certes la plus grande admiration et le plus profond respect pour les hommes qui vont, au péril de leur vie, porter l'Evangile au milieu de populations qui ne le connaissent pas, sans aucun autre espoir que de sauver des âmes, et nous sommes convaincus de la supériorité de la morale de Jésus sur celle de Confucius. Il n'en est pas moins vrai que la propagande chrétienne choque profondément toutes les traditions, qu'elle

Voilà beaucoup plus de raisons qu'il n'en faut pour expliquer, sinon pour justifier absolument, le mauvais vouloir des Chinois à notre égard.

Après cette sorte d'étude préliminaire, abordons maintenant l'examen du protectorat des missions en vue de rechercher quels avantages il peut nous offrir, quels inconvénients il peut présenter.

ébranle les fondements mêmes de la société chinoise. Les gouvernements européens interdiraient, à n'en pas douter, comme contraire à la morale publique, la prédication d'une religion encourageant, par exemple, la polygamie : et n'avons-nous pas vu le gouvernement des Etats-Unis s'opposer à la propagation du mormonisme qui était dans ce cas? Or, il ne faut pas se le dissimuler, l'abandon du culte des ancêtres, imposé à leurs adhérents par toutes les fractions du christianisme, constitue aux yeux des Chinois un affreux sacrilège, un attentat à la morale et aux lois, bien pire que ne peut l'être pour nous la polygamie. L'emploi, par certaines sectes protestantes, de missionnaires-femmes scandalise aussi les indigènes, et la vue de jeunes filles logeant sous le même toit que des hommes qui ne sont pas leurs maris fait naître chez eux quantité de pensées peu édifiantes. »

Pierre Leroy-Beaulieu. — *Le Problème chinois* (*Revue des Deux-Mondes*, n° du 1er janvier 1899, p. 61-62).

CHAPITRE III

Les avantages attribués au protectorat peuvent se résumer dans les affirmations suivantes que produisent les défenseurs de l'ordre de choses actuel :

Les missionnaires sont, en Chine, les agents de la civilisation supérieure de l'Occident ;

Ils sont plus particulièrement les serviteurs de l'influence française ;

En protégeant les missionnaires, nous exerçons par conséquent une action civilisatrice ;

Et nous faisons œuvre utile pour notre pays.

Ce qui est incontestable, disent les défenseurs les moins échauffés du protectorat, c'est que le protectorat « nous fait des affaires avec le Tsoung-li-Yamen », laissant entendre qu'à défaut des affaires de missions, nous n'en aurions pas d'autres à débattre avec les Chinois.

Voyons ce que valent ces diverses affirmations.

I. — *Les missionnaires sont-ils les agents de la civilisation supérieure de l'Occident?*

Qu'est-ce, d'abord, que cette civilisation occidentale, dont nous sommes fiers, avec quelque raison ? C'est un alliage complexe d'éléments très divers d'origine et souvent opposés de tendances. Au point de vue moral seulement, que d'éléments variés ! l'antiquité classique, le Judaïsme, le Catholicisme, les habitudes féodales, la Réforme, la Renaissance, le xviie et le xviiie siècles avec leurs écrivains et leurs penseurs, la Révolution, le militarisme impérial, le socialisme, la mégalomanie coloniale, etc. Chacun de ces éléments, simples ou complexes, a influé, dans des proportions variables suivant les races, les nations, les classes, les partis, les familles, sur la composition de la conscience individuelle des Occidentaux et spécialement des Français de cette fin de siècle. Rien n'est moins *un* que la conscience moderne, et notre moralité est l'image exacte de cette conscience si diverse.

Sous le rapport intellectuel, il en est de même : idées théologiques, idées métaphysiques, idées positives ou scientifiques, coexistent dans beaucoup d'esprits.

Mais de ces sentiments et de ces idées, sédiments déposés dans nos cerveaux par l'activité morale ou intellectuelle d'innombrables générations d'hommes qui nous ont précédés dans la vie, tous ne sont pas également intéressants à nos yeux. Certains de ces facteurs s'atténuent de plus en plus; les autres, au contraire, vont se développant et se fortifiant.

Au point de vue moral, par exemple, les idées de tolérance, d'émancipation, d'égalité sociale, de fraternité, de solidarité, sont en hausse, dominent de plus en plus notre conscience occidentale, tandis que disparaissent graduellement (et beaucoup trop lentement, hélas!) les préjugés de caste, les haines de races ou de religion, l'intolérance, le fanatisme.

De quel côté se rangent les missionnaires? Du côté de la tolérance, de l'émancipation? ou de l'autre côté : celui des haines de races ou de religion, du fanatisme sous toutes ses formes? La réponse n'est pas douteuse.

Dans le domaine des idées, leur position est la même. Toute la philosophie moderne et tout ce qui, en science, a une portée philosophique est combattu ou ignoré par les missionnaires. Mais je préfère, sur cette question, laisser la parole à un Chinois des plus distingués,

M. Kou Houng-ming, dont les appréciations, sévères, mais justes, jetèrent, il y a quelques années, un vif émoi parmi les missionnaires de toutes confessions. Ce qu'il dit des missionnaires protestants s'applique avec beaucoup plus de vérité encore aux représentants du Catholicisme.

Si l'on peut nous faire voir, écrit M. Kou, que l'œuvre des missionnaires en Chine est un mouvement intellectuel; que les missionnaires apportent la lumière là où n'existaient que les ténèbres; qu'en mettant en contact, si je puis ainsi parler, les courants supérieurs de la pensée, ils rapprochent davantage l'Orient et l'Occident, alors je dirai qu'ils méritent d'être soutenus par tous les braves gens. Mais, je le demande, *peut-on* faire voir cela?

Sans doute, le missionnaire protestant s'est beaucoup adonné dans ces derniers temps à ce qu'il appelle : science et enseignement scientifique. Il peut évidemment dire à ses élèves indigènes que les mandarins sont absurdes de s'agiter à propos d'une éclipse de lune. Mais ne devra-t-il pas, une heure après, dire à ces mêmes élèves que le soleil et la lune s'arrêtèrent au commandement du général hébreu Josué, et que le livre où ce fait véridique est rapporté est un livre saint écrit sous la dictée de l'omniscient auteur de l'univers?

J'en appelle à tous ceux qui ont à cœur la cause du progrès intellectuel pour dire si quelque chose peut être plus antiscientifique que cette jonglerie intellectuelle, pour ne pas nommer la chose d'un mot plus dur. Le fait que ce missionnaire en est inconscient montre uniquement combien est subtil et étendu le mal qu'il peut faire.

Je dis donc que, quelle que soit la quantité de pur savoir scientifique que les missionnaires protestants peuvent apporter en Chine, ils apportent aussi avec eux un ver rongeur qui doit, en fin de compte, rendre vain pour les Chinois tout espoir de progrès intellectuel.

Car, n'est-ce pas contre cette même jonglerie intellectuelle que tous les grands émancipateurs de l'esprit humain en Europe ont combattu jadis et combattent encore aujourd'hui? Vraiment, pour tout homme qui connaît, si peu que ce soit, la lutte pour le progrès des idées en Europe, il doit sembler bien curieux, bien absurde, de voir ces hommes de religion, qui, en Europe, ont brûlé et persécuté, se poser ici, en Chine, comme les champions de la cause de la science et du *progrès intellectuel* !

Il est donc faux que l'œuvre des missionnaires en Chine soit un mouvement intellectuel. Tout homme qui voudra prendre la peine de jeter les yeux sur l'amas obscur et impénétrable qui s'appelle les publications des missions en Chine pourra se convaincre aisément que c'est cet amas d'obscurités qui provoque chez le Chinois lettré le mépris de l'étranger. Et lorsque le Chinois lettré voit que ce bloc obscur est imposé au peuple : d'une part, avec toute la prétention arrogante et agressive des missionnaires ; de l'autre, par la terreur des canonnières étrangères, il en éprouve pour les étrangers une haine que ceux-là seuls peuvent concevoir qui voient tout ce qu'ils estiment le plus, tout ce qu'ils tiennent pour sacré, le patrimoine de leur race et de leur nation, leur instruction, leur civilisation, leur littérature, en danger d'être irrémédiablement défiguré et détruit.

Voilà, qu'on me permette de le dire ici, la source de la haine de l'étranger chez le Chinois lettré (1).

Les citations suivantes, tirées d'une publication des missionnaires de Chine, montreront clairement que M. Kou n'a pas forcé les couleurs de son tableau :

Nous ne nous attarderons pas à démontrer la possibilité des interventions diaboliques. Il faudrait ne rien savoir des choses de Chine pour ignorer combien y sont fréquents les prestiges, les maléfices et les apparitions extranaturelles. Il n'est pas un missionnaire qui n'affirme la réalité de ces manifestations (2).

Ces esprits voleurs, batteurs, incendiaires, — écrit Mgr Faurie — sont communs dans ce pays. Les païens ne s'en inquiètent guère, à moins qu'ils n'en éprouvent de graves dommages. Pour s'en débarrasser, ils invitent les devins et les sorciers, qui se font payer largement et d'avance. Ils réussissent quelquefois, mais pas toujours ; car il y a parmi ces devins beaucoup de filous ; cependant, plusieurs ont un commerce véritable avec le démon. Certaines familles se sont presque ruinées à inviter successive-

____

(1) Kou Houng-ming. — *Defensio populi ad populos, or the modern missionaries considered in relation to the recent riots* (*North-China Herald*, Shanghaï, juillet 1891).

(2) *Vie de Monseigneur Faurie*, par M. l'abbé J.-H. Castaing, Paris, 1884, p. 474 et 475.

ment les devins réputés les plus habiles. Quand tous les autres moyens sont épuisés, ils ont ordinairement recours aux chrétiens qui, avec un peu d'eau bénite ou quelques prières, les délivrent infailliblement et ne leur demandent, en retour, que d'adorer le vrai Dieu, pour sauver leur âme (1).

Mgr Faurie est mort en 1871.

Odoric, religieux de Saint-François, qui visita la Tartarie au xive siècle, professait des croyances identiques ; mais de son temps elles étaient encore de mise.

En cette contrée, écrit-il, Dieu a donné si grant grace aux frères meneurs d'enchacier le deable hors des corps des enragiez, comme ilz en chaceraient un chien hors de la maison. Ce meismes font-ilz en la Grant Tartarie si que on leur aporte les enragiez bien de X journées loings, et ilz leur ostent les deables du corps au nom du Père et du Filz et du Saint-Esperit. Tantost que ceulz sont guéris, ilz se font baptizier et ardent leurs ydoles et souvent advient que par la vertu du deable les ydoles se gittent hors du feu, mais les frères les aspergent d'eaue benoitte et tantost le feu les maistrie. Lors s'en vont ces deables criant par l'air et disant : « Je suis boutez hors de ma maison. » Et ainsi convertissent moult à la foy crestienne (2).

Restent les éléments matériels de notre civilisation, toutes ces inventions si variées que la science moderne a rendues possibles et qui ont si profondément modifié les conditions d'existence de notre société.

Ce côté de notre activité, les missionnaires l'ignorent complètement : ils ne sont ni industriels, ni ingénieurs. Ils ne sont même pas — et certes je ne leur en fais pas de reproche — *placiers* de produits européens. Ils vivent presque entièrement à la mode indigène, et le seul article qu'ils fassent venir d'outre-mer est la petite provision de vin de messe nécessaire au « saint sacrifice ».

---

(1) *Vie de Mgr Faurie*, p. 478.

(2) *Les Voyages en Asie d'Odoric de Pordenone, religieux de Saint-François,* publiés par Henri Cordier, Paris, 1891, p. 485.

Alors ?... Si moralement et intellectuellement les missionnaires ne représentent à aucun degré la civilisation occidentale, ou n'en représentent que les éléments contestables et dépréciés ; si, en ce qui concerne les côtés matériels de notre civilisation, qui sont ceux que le vulgaire, en tous pays, apprécie le plus aisément, ils ne sont à aucun degré des propagateurs, que reste-t-il donc de cette affirmation : *les missionnaires sont des agents de civilisation ?*

II. — *Les missionnaires sont-ils les serviteurs de l'influence française ?*

Sont-ils du moins, à un degré quelconque, les agents de l'influence française ?

Qu'ils fassent connaître le nom de la France, la chose n'est pas douteuse, puisqu'en toute occasion ils se recommandent, vis-à-vis des autorités et du peuple chinois, de sa protection ; puisque c'est grâce à l'appui diplomatique ou militaire de notre pays qu'ils maintiennent dans l'Empire la situation privilégiée que les traités leur ont reconnue.

Mais qu'on puisse parler d'*influence* à propos de cette propagande, toute négative, puisqu'elle aboutit à créer partout contre notre nom, contre nos compatriotes, un état permanent d'hostilité qui se traduit parfois par de sauvages explosions, comme à Tientsin en 1870, voilà ce que nous contestons absolument (1).

---

(1) « L'influence que nous procure un protectorat qui s'étend sur 500,000 catholiques pourrait être considérable, si elle s'exerçait dans d'autres conditions. Malheureusement les missions sont pour la France une source de conflits irritants, de contestations sans fin et de chaque jour. Par là même, les commerçants français se trouvent exposés à plus d'inconvénients que les autres étrangers; il ne faut pas oublier que la populace de Tientsin n'en voulait qu'aux Français. »

P. Giquel. — *La Politique française en Chine*, p. 25.

Les opinions suivantes sont à méditer :

« Nous croyons que la France fera sagement de chercher pour

Les missionnaires servent-ils, si peu que ce soit, nos intérêts économiques ? J'ai dit que leur seule importation était leur petite provision de « vin de messe ». Il vient de France, je veux le croire, mais quelques barillets de vin de Bordeaux ne représentent pas un bien gros trafic.

Les missionnaires attirent-ils du moins nos compatriotes, commerçants et industriels, et servent-ils ainsi indirectement l'influence française? Ils font, au contraire, tout ce qu'ils peuvent pour éloigner d'eux tous les Occidentaux laïques. Et l'explication de cette attitude

l'œuvre des missions catholiques une condition d'existence préférable sous tous les points de vue à celle dont elle éprouve aujourd'hui les difficultés avec son protectorat. »

Ibid., p. 34.

« ..... L'hostilité des Chinois provient bien plus de l'intervention de nos armes que de l'œuvre même des missions. »

Ibid., p. 24.

« Il n'y a pas à se le dissimuler : la Chine repousse avec obstination le christianisme. Les orgueilleux lettrés sont plus haineux que jamais ; chaque année, des placards incendiaires appellent le peuple à l'extermination des diables étrangers, et le jour n'est peut-être pas éloigné où cette belle Eglise de Chine, qui a coûté tant d'efforts à l'apostolat catholique, s'abîmera tout entière dans le sang de ses apôtres et de ses enfants.

« D'où vient une pareille obstination à repousser le christianisme? Ce n'est certainement pas fanatisme religieux, car aucun peuple ne porte aussi loin que le peuple chinois le scepticisme et l'indifférence. Qu'on soit disciple de Confucius ou de Lao-Tze, musulman ou bouddhiste, le gouvernement chinois ne s'en occupe pas. Il n'y a que contre la religion chrétienne qu'il cherche à se défendre. C'est que, derrière les apôtres du Christ, il voit venir l'Europe, ses idées, sa civilisation, dont il ne veut à aucun prix, se trouvant, à tort ou à raison, satisfait de celle de ses ancêtres.

« La question est donc beaucoup plus politique que religieuse, ou plutôt elle est presque exclusivement politique. Le jour où la Chine intelligente sera persuadée qu'on peut être à la fois Chinois et chrétien, le jour surtout où elle verra à la tête de l'Eglise, en Chine, un clergé indigène, le christianisme obtiendra droit de cité dans ce grand empire de *quatre cents millions* d'âmes, dont la conversion entraînerait celle de l'Extrême-Orient.

« C'est donc à séparer nettement leur cause de celle de la politique que doivent tendre les efforts des missionnaires. A ce point de vue, je ne puis que regretter, pour ma part, l'intervention des gouvernements

m'a été fournie sans difficulté par plus d'un missionnaire :

Les Européens qui viennent en Chine ne se rangent pas d'ordinaire dans la catégorie des petits saints. Nos compatriotes se font généralement remarquer entre tous les autres Occidentaux, sinon par de plus mauvaises mœurs, du moins par un dédain absolu du *décorum* ; ceux d'entre eux qui sont célibataires en Europe sont volontiers polygames en Chine, au scandale des missionnaires qui prêchent la monogamie ; s'ils se trouvent catholiques de naissance, ils sont rarement pratiquants et ont peu de rapports avec les missionnaires, à l'étonnement des chrétiens chinois. Mais, parmi ces Français, il

européens. Rien de plus légitime en soi ; mais aussi rien de plus dangereux et de mieux propre à surexciter l'orgueil national et la haine des classes intelligentes et lettrées. Au fond, même au point de vue particulier de la sécurité des missionnaires, qu'avons-nous gagné au régime des traités? Dans les quarante premières années du siècle, *trois* missionnaires seulement ont été mis à mort en Chine pour la foi, après une sentence juridique : le vénérable Dufresse, vicaire apostolique du Su-tchuen (1814), le vén. Clet et le bienh. Perboyre, lazaristes, au Hou-Pé (1820 et 1840). Depuis les *traités de 1844 et 1860*, pas une seule condamnation à mort n'a été juridiquement prononcée, il est vrai ; mais plus de *vingt* missionnaires sont tombés sous les coups des bandits, soudoyés par les mandarins. En 1856, le vénérable Chapdelaine; en 1862, le vén. Néel; en 1865, 1869, 1873, MM. Mabileau, Rigaud et Hue, au Su-tchuen; en 1874, M. Baptifaud, au Yunnan; en 1885, M. Terrasse, au Yunnan. Les traités ont-ils empêché, au mois de juin 1870, l'horrible massacre de Tientsin, le meurtre de notre consul, de tous les résidents français, de deux lazaristes, de neuf sœurs de charité? Presque chaque année, des chrétientés sont détruites, des églises pillées, des missionnaires tués ou blessés, des chrétiens mis à mort; et quand la France réclame contre tant d'infamies, ou lui répond par un *mémorandum* insolent (1871), rempli de calomnies contre les missionnaires et leurs œuvres, et le chef de l'ambassade envoyée à Paris pour excuser les massacres de Tientsin est celui-là même qui a tout dirigé et dont les mains sont encore teintes du sang de nos nationaux......................

« A tort ou à raison, la Chine ne veut pas de la civilisation européenne; ce qu'elle repousse dans le christianisme, c'est l'envahissement de l'Europe. Séparons donc nettement la question religieuse de la question politique. »

Louis-Eugène Louvet, des Missions étrangères. — *Les Missions catholiques au XIXe siècle* (*les Missions catholiques*, Bulletin hebdomadaire de l'œuvre de la Propagation de la Foi, n° du 26 juin 1891).

en est peut-être de protestants, de juifs, de libres-penseurs : en pareil cas, quel embarras pour le missionnaire qui enseigne à ses fidèles que tous les Français sont catholiques et obéissent dévotement aux ministres de l'Eglise !

Toutes ces raisons font que les missionnaires ne cherchent nullement à attirer près d'eux leurs compatriotes, dont la présence serait, en effet, grosse de difficultés pour leur propagande.

Mais, encore une fois, que reste-t-il en ce cas de la fameuse *influence* des missionnaires?

La langue? On croit, en effet, assez volontiers en France que les missionnaires enseignent la langue française aux élèves de leurs écoles. Il existe, il est vrai, surtout depuis quelques années, un petit nombre d'écoles où l'on enseigne à quelques enfants les éléments de notre langue. Il faut bien justifier l'allocation de 60,000 francs accordée par les Chambres aux « écoles françaises » d'Extrême-Orient (1). Mais qu'on veuille bien se pénétrer de cette vérité *incontestable* :

____

(1) « En présence des efforts faits par de grandes puissances, telles que l'Allemagne, l'Angleterre, les Etats-Unis et l'Italie, dans le but de se créer en Orient une clientèle au détriment de celle qui nous a été traditionnellement attachée dans les Echelles du Levant, la commission insiste tout particulièrement près du ministre pour qu'il surveille de très près l'affectation du crédit du chapitre 9. S'il n'entrait pas plus impérieusement que jamais dans le rôle de la commission d'assurer et de rechercher des économies, elle aurait été peut-être disposée, au lendemain du voyage significatif de l'empereur Guillaume II en Orient, à relever ce crédit de façon à le faire passer de 800,000 francs à 900,000 et même à 1 million de francs.

. . . .

« Une somme de 60,000 francs a été réservée dans le chapitre 9 du budget de 1898, en vue de favoriser la propagation de l'influence et de la langue françaises en Extrême-Orient. Nul argent ne peut être mieux employé ; et il est regrettable que le budget de 1899 ne puisse se prêter à des sacrifices plus considérables pour le même objet. »

Rapport fait au nom de la commission du budget chargée d'examiner le projet de loi portant fixation du budget général de l'exercice 1899 (Ministère des affaires étrangères), par M. Georges Berger, député.

le français enseigné ne sert uniquement qu'à justifier tant bien que mal (plutôt mal que bien) le crédit de 60,000 francs susdit.

Quelle autre utilité cet enseignement pourrait-il avoir? Quels débouchés la connaissance du français ouvre-t-elle, je vous prie, au jeune Chinois qui sort de l'école des missionnaires? Quelque place de *boy* chez les rares résidents français de Tientsin ou de Shanghaï; une situation de *kouli* à la légation de Péking? Car pour les affaires, l'anglais est la seule langue européenne usitée en Chine, même dans les maisons françaises.

L'argument de la langue est donc aussi faible, aussi nul que les autres.

III. — « *Le protectorat nous fait des affaires avec le Tsoung-li-Yamen.* »

Reste cet argument, ce cliché des diplomates et des interprètes. Il est tout simplement misérable. Ne voit-on pas, en effet, que, loin de favoriser notre influence, ces réclamations perpétuelles pour des objets totalement étrangers aux véritables intérêts de notre pays, comme à ceux de la Chine, ne sont qu'une cause de froissements continuels et inutiles entre les autorités chinoises et nos agents ; que, bien loin par conséquent de nous concilier le bon vouloir des fonctionnaires et du peuple, elles ne font que les indisposer, les irriter contre nous?

« Si ce protectorat, écrivais-je en 1891 (1), qui nous a déjà tant coûté sans nous rapporter rien, a jamais été défendable, c'était avant notre établissement au Tonkin, alors qu'on pouvait soutenir, avec une apparence de raison, qu'il nous était utile en ce qu'il nous donnait

(1) Lettres de Chine, *le Temps* du 5 novembre 1891.

un pied en Chine et nous permettait « d'avoir des affaires avec le Tsoung-li-Yamen ». Mais, dira-t-on encore,
alors que nos nouvelles possessions sont limitrophes de
trois des plus belles provinces de l'Empire; lorsque notre
commerce, sans être comparable à celui de l'Angleterre,
n'est pourtant nullement méprisable; quand nos industriels et nos ingénieurs ont exécuté ici (à perte, malheureusement) les remarquables travaux que l'on sait —
dira-t-on encore que nous avons besoin, pour assurer
dans ce pays notre légitime influence, de cet instrument
équivoque qui s'appelle le protectorat des missionnaires? »

Voilà faite, je crois, pour tous les esprits libres, la
démonstration non seulement de l'inutilité, mais de la
nocuité du protectorat.

Ajouterai-je que le protectorat, qui est une cause permanente de désagréables querelles entre la France et la
Chine, constitue aussi un danger continuel de conflits
entre notre pays et les autres puissances occidentales?
Le fait est incontestable. Si, lorsqu'il prit fantaisie à
l'Allemagne de réclamer le protectorat de ses missionnaires du Chantoung, nous avions fait mine de nous y
opposer, au nom de l'intégrité de notre protectorat, que
serait-il arrivé? Demain, c'est avec l'Italie, avec l'Espagne, avec l'Autriche, que nous pouvons nous trouver
en conflit, soit que ces puissances veuillent assumer elles-
mêmes la charge de leurs missionnaires, soit que dans
quelque affaire de missions où des nationaux de l'une ou
de l'autre de ces puissances seraient intéressés, nous
nous trouvions impuissants à obtenir de la Chine les
réparations convenables.

Elle est, en effet, tellement fausse, tellement dénuée de
tout droit réel, cette prétention qui est la nôtre de protéger
pour ainsi dire malgré eux des missionnaires étrangers,
qu'elle est forcément grosse de difficultés de toute sorte.

Au point de vue de notre entente avec la Russie, ne voit-on pas que cette question du protectorat peut devenir à l'occasion une cause de division entre notre alliée et nous? Qu'on se souvienne que la question des lieux saints fut l'origine de la guerre de Crimée... Mais n'insistons pas davantage sur ces considérations purement politiques : nous les traiterons avec quelque étendue dans un chapitre ultérieur de ce travail.

CHAPITRE IV

Nous croyons avoir montré, dans les chapitres qui précèdent, que le protectorat des missions catholiques, loin d'être pour la France une force effective, un instrument utile d'influence, est au contraire pour elle une source permanente de difficultés sans nombre, de froissements continuels avec la Chine, sans le moindre profit réel — matériel ou moral.

Pour la Chine, l'action des missions, déjà antipathique par elle-même, parce qu'elle blesse les croyances, les traditions les plus respectables de la nation, lui devient plus intolérable de jour en jour, à cause précisément de ce protectorat étranger qui s'ingère si singulièrement dans les affaires intérieures du pays.

Quant à l'Eglise catholique, un auteur très compétent, le P. Louvet — et je sais que son opinion est partagée par un certain nombre de ses confrères missionnaires — affirme qu'elle a plutôt perdu que gagné au protectorat (1).

Nuisible à la France, intolérable à la Chine, préjudiciable, suivant certaines autorités catholiques, aux intérêts mêmes des missions qu'il est censé défendre, le protectorat nous paraît donc absolument condamné.

Son abandon par la France est-il désirable? C'est la question que nous devons maintenant examiner.

Nous n'avons pas à défendre ici les intérêts de l'Eglise, dont nous avouons n'avoir cure, et qui, du reste, est assez grande fille pour se défendre elle-même.

(1) Voir la note du chapitre III, p. 31.

Il n'est pas davantage dans notre rôle de nous faire l'avocat de la Chine, quelque sympathie que nous inspire cette bonne, intelligente et laborieuse population que nous considérons comme une réserve nécessaire de l'Humanité de demain.

C'est au point de vue des intérêts de la France que nous nous placerons exclusivement. L'abandon du protectorat est-il désirable pour la France? Voilà la seule question qui se pose pour nous.

La réponse, il nous semble, n'est pas douteuse.

Un prétendu instrument d'influence qui ne procure aucune influence réelle à celui qui en est armé, qui paralyse au contraire l'action morale et économique que nous pourrions légitimement exercer dans l'Empire du Milieu, n'est évidemment défendable par aucun argument sérieux.

Ajoutons qu'il nous paraît indigne de la France, qui prétend marcher à la tête du progrès humain; qui s'efforce d'acclimater de plus en plus chez elle des institutions de liberté, de tolérance, de neutralité religieuse; qui lutte avec beaucoup de peine contre les visées dominatrices de l'Eglise catholique; il est indigne de la France, disons-nous, de se faire en Orient la protectrice contre tout droit réel (1) de cette même Eglise dont elle est préoccupée d'arrêter les empiètements sur son propre sol; d'encourager les efforts d'ordres religieux (comme les jésuites ou les dominicains) dont elle craint elle-même les entreprises et qu'elle a légalement bannis.

« L'anticléricalisme n'est pas un article d'exporta-

---

(1) « Les maximes essentielles et incontestées du droit public européen sont en petit nombre. Parmi les principales se rangent celles-ci :

« 1° La paix est l'état normal des nations et des gouvernements. La guerre est un fait exceptionnel et qui doit avoir un motif légitime;

« 2° *Les Etats divers sont entièrement indépendants les uns des autres*

tion. » Soit. Mais ne faisons pas cependant de cette marchandise empoisonnée : le cléricalisme, l'unique objet de notre trafic dans les pays d'Orient!

Seuls, de tous les pays du monde, nous avons à peu près laïcisé nos institutions politiques. Dieu est banni de notre constitution et de nos lois — à l'exception des lois scolaires. Le Protocole l'ignore ; et je défie le Président de la République française, qu'il s'appelle Loubet, Méline, Waldeck-Rousseau, Deschanel ou Galliffet, de prononcer son nom dans un discours ou dans un message. N'est-il pas étrange, quand tel est notre état d'esprit officiel, de voir toute notre politique orientale reposer sur les idées, les intérêts, les fanatismes dont ce terme *Dieu* est l'enseigne et la raison sociale! C'est là une hypocrisie, indigne, je le répète, de nos vieilles traditions de libéralisme et de loyauté.

Que les gouvernements de Louis-Philippe ou de Napoléon III fissent servir la France aux intérêts de la Papauté : c'était leur rôle de pouvoirs théocratiques et réactionnaires ; encore ces gouvernements croyaient-ils sincèrement tirer un profit quelconque de leur attitude. Mais que la République, sans aucun avantage appréciable — que dis-je? au plus grand dommage, au contraire, de tous ses intérêts — simplement pour continuer la tradition surannée de sa diplomatie, base elle aussi toute sa politique en Orient sur de pareils moyens d'action, voilà qui est incompréhensible, stupide et odieux !

---

quant à leurs affaires intérieures ; chacun d'eux se constitue et se gouverne selon les principes et dans les formes qui lui conviennent;

« 3° Tant que les Etats vivent en paix, *leurs gouvernements sont tenus de ne rien faire qui puisse troubler mutuellement leur ordre intérieur ;*

« 4° *Nul Etat n'a droit d'intervenir dans la situation et le gouvernement intérieur d'un autre Etat* QU'AUTANT QUE L'INTÉRÊT DE SA PROPRE SÛRETÉ LUI REND CETTE INTERVENTION INDISPENSABLE. »

Guizot. — *Mémoires pour servir à l'histoire de mon temps,* tome IV, p. 5.

CHAPITRE V

L'abandon du protectorat est donc désirable.

Mais est-il possible? La France peut-elle, sans nuire à son prestige, sans compromettre des intérêts matériels dont elle a jadis librement accepté la garde, sans déserter aucune de ses obligations quelconques, la France *peut-elle* renoncer au protectorat des missions de Chine?

L'intérêt de la Chine n'est pas en jeu. Il réclame impérieusement la fin de l'ordre de choses actuel.

L'intérêt de la France de même.

Reste l'intérêt de l'Eglise, ou plutôt celui des missionnaires qui vivent actuellement en Chine sur la foi des traités imposés par la France au gouvernement chinois. Si le retrait de notre protectorat devait avoir pour résultat de nuire, nous ne disons pas : aux intérêts de la propagande catholique — à ceux-là nous sommes indifférent — mais à la sécurité matérielle des missionnaires français ou étrangers placés en ce moment sous notre garde, il ne faudrait pas, certes, vouloir conserver le protectorat quand même; mais nous serions tenus évidemment de prendre certaines garanties avant de nous retirer.

Ce danger existe-t-il? Nous avons déjà vu quelle est l'opinion du P. Louvet, des Missions étrangères. Il montre, par des arguments et des exemples saisissants, que le protectorat, loin d'assurer la sécurité des missionnaires, a « surexcité l'orgueil national et la haine des classes intelligentes et lettrées ». Le P. Louvet fait ressortir que, tandis que dans les quarante premières années du siècle (c'est-à-dire avant les traités) trois missionnaires seulement ont été mis à mort, depuis les traités, au contraire, plus de vingt de ses confrères sont tombés victimes de l'hostilité populaire. « Ce que la Chine repousse dans le Christianisme, ajoute le P. Louvet, c'est l'envahissement de l'Europe. Séparons donc nettement la question religieuse de la question politique. »

Tous les auteurs sont d'accord, du reste, pour reconnaître le caractère profondément tolérant des Chinois :

Le Rév. J. Ross (1), qui a vécu de longues années en Chine, nous dit que, « en ce qui concerne la religion, les Chinois ne sont pas seulement raisonnables, mais même *extrêmement tolérants*, à moins que la religion professée ne prenne ou ne paraisse prendre un aspect politique ».

Le P. Louvet, déjà cité, constate de même qu'il n'y a pas ombre de fanatisme religieux en Chine, « car, dit-il, aucun peuple ne porte aussi loin que le peuple chinois le scepticisme et l'indifférence ».

« D'après le témoignage de ceux qui connaissent le mieux cette question, dit le Rév. Arthur Smith (2), il n'y eut jamais sur terre une corporation d'hommes instruits et cultivés aussi complètement agnostiques et athées que la masse des lettrés confucéistes. »

Suivant M. Prosper Giquel (3), « il y a lieu d'être surpris de la tolérance relative que la propagation de la foi rencontre en Chine pour le développement de ses œuvres ».

M. Bernard d'Harcourt constate qu'à *toutes les*

---

(1) Cité par A. Michie : *Missionaries in China*, p. 37.
(2) *Chinese Characteristics*, p. 358.
(3) P. Giquel : article cité, p. 30.

époques (1) les missionnaires ont été tolérés en Chine.

Nous voyons, en effet, qu'en 1842, c'est-à-dire avant notre premier traité, alors que le Catholicisme était officiellement proscrit et persécuté, l'Eglise comptait six missions en Chine, sans compter le collège de Macao et un établissement sur les confins de la Mongolie. Ces missions étaient situées dans les provinces suivantes : Tche-Li, Ho-Nan, Kiang-Si, Tche-Kiang, Hou-Kouang, Kiang-Nan. Six missionnaires européens les dirigeaient, avec l'aide de dix-huit lazaristes indigènes et de dix-huit catéchistes (2).

L'édit de 1844 autorisait le séjour des missionnaires seulement dans les cinq ports ouverts. Ce n'est que par le traité de Tientsin de 1858, ratifié à Péking en 1860, que les missionnaires furent admis à pénétrer dans l'intérieur. Or, le baron Gros écrit ceci dans son *Livre Jaune* (3) : « Les deux évêques du Pé-tcheli et l'abbé Delamarre m'ont demandé des passeports pour *vingt-huit* missionnaires établis depuis longtemps, mais en secret, dans l'intérieur de l'Empire ou qui veulent s'y rendre. » On pense bien que ces missionnaires, établis *en secret* dans l'intérieur, n'y étaient pas à l'insu des autorités impériales et profitaient par conséquent des dispositions tolérantes du pouvoir (4).

(1) Comte Bernard d'Harcourt : article cité, p. 664.

(2) Préface du tome III des *Lettres édifiantes* (édition du *Panthéon littéraire*), p. 8.

(3) Baron Gros. — *Livre Jaune*, p. 186.

(4) Il peut être intéressant de donner ici la situation actuelle des missions catholiques de Chine :

ÉTAT DES MISSIONS CATHOLIQUES EN CHINE.

Missions étrangères de Paris. — Kouang-Toung, Kouang-Si, Kouei-Tcheou, Yun-Nan, Sse-Tchouen, Mandchourie.

Compagnie de Jésus. — Tche-Li Sud-Est, Kiang-Nan.

Lazaristes. — Tche-Li septentrional, Tche-Li Sud-Ouest, Tche-Kiang, Kiang-Si.

Franciscains. — Chan-Toung septentrional, Chan-Si, Chen-Si septentrional.

Nous pouvons bien rappeler aussi que ni les musulmans ni les chrétiens ne sont exclus, en Chine, des fonctions publiques. Les musulmans sont très nombreux dans les rangs du mandarinat militaire; et quant aux catholiques, nous savons tous que le sympathique et distingué ministre de Chine à Paris, M. Tching-Tchang, est l'un des plus fidèles paroissiens du curé de Saint-Honoré d'Eylau. Nous pouvons citer encore M. Ma Kien-Tchoung, qui fut secrétaire de Li Houng-Tchang et plus tard directeur de la Compagnie chinoise de navigation (*China Merchants'*), quoique catholique.

Il est donc bien certain que les Chinois ne sont nullement fanatiques. Il n'est même pas exagéré de dire que peu de peuples pratiquent aussi bien que le peuple chinois la vertu si rare de la tolérance.

Pourtant, dira-t-on, ces explosions de haine qui soulèvent à certains moments le peuple contre les chrétiens, de quel nom les appeler? Si nous ne devons pas les attribuer au fanatisme, du moins ne peut-on guère les regarder comme des manifestations du sentiment de tolérance. Il faut répondre à cette objection.

Dominicains. — Fou-Kien.
Franciscains réformés. — Hou-Pei, Hou-Nan méridional.
Congrégation du Cœur de Marie Immaculée de Scheut (Belgique). — Mongolie, Kan-Sou, Ili.
Missions étrangères de Milan. — Ho-Nan.
Séminaire de Saint-Pierre et Saint-Paul (Rome). — Chen-Si méridional.
Missions étrangères de Steyl (Hollande). — Chan-Toung méridional.
Augustiniens. — Hou-Nan septentrional.
Ces diverses congrégations réunies comprenaient, en 1890, d'après la *Propagation de la Foi*, de qui émane le présent tableau, 548,166 fidèles; 625 missionnaires européens; 342 prêtres indigènes. Elles possédaient 2,826 églises ou chapelles; 42 séminaires avec 948 élèves, et 2,495 écoles avec 43,703 élèves.
Il est naturellement tout à fait impossible de contrôler la plupart de ces chiffres, qui doivent être considérés comme des *maxima*.
De leur côté, les missions protestantes accusaient, en 1890, un total de 1,300 missionnaires (hommes et femmes) et de 37,300 chrétiens.

Qu'y a-t-il au fond de tout mouvement antichrétien en Chine? Que lisons-nous dans ces placards où l'on invite le peuple à expulser les missionnaires? Des attaques contre le dogme catholique, contre la religion chrétienne? Nullement. Mais des accusations de vols d'enfants, des histoires de mutilations, des imputations de sorcellerie : accusations fausses, absurdes — cela est entendu — mais qui trouvent créance auprès du peuple, parce que les missionnaires, ainsi que nous l'avons montré, ne font rien de ce qu'il faudrait faire pour les réduire à néant. Ce n'est donc pas le fanatisme religieux, lequel n'existe point en Chine, qui est la source de l'agitation antichrétienne : c'est l'indignation très sincère inspirée au peuple chinois par des actes odieux, très faussement, mais avec une apparence de raison, attribués aux missionnaires.

Certes, le peuple n'aime pas la religion chrétienne. Mais « s'étonnera-t-on que des bonzes, des lettrés, des paysans, voient d'un mauvais œil le symbole qui vient détruire leurs croyances et le prestige de leurs idoles, lorsque, dans certains de nos départements, catholiques et protestants ne peuvent vivre en paix » (1)?

« Que diriez-vous, s'écriait déjà en 1724 le treizième prince, frère de l'empereur Young-Tcheng, répondant aux sollicitations des jésuites de Péking, si nos gens allaient en Europe et y voulaient changer les lois et les coutumes établies par vos anciens sages (2)? »

« L'arrivée en Chine, dit sir Thomas Wade (3), de missionnaires chrétiens, défendus par la force et le prestige de leurs gouvernements respectifs, doit paraître

____

(1) P. Giquel : article cité, p. 30.

M. Giquel n'avait pas prévu l'*antisémitisme* et le *nationalisme!*

(2) Lettre du P. de Mailla (*Lettres édifiantes*, édition du *Panthéon littéraire*, tome III, p. 355).

(3) *Blue Book* sur les affaires de Chine, 1868, p. 27.

tout aussi désagréable aux Chinois que le serait à nous-mêmes une invasion, pareillement appuyée, de prédicants bouddhistes ou confucéistes. »

C'est ce dernier motif, donné par sir Thomas Wade : la situation faite aux missionnaires et aux chrétiens de protégés de l'étranger, qui est de tous les motifs d'animosité le plus puissant et le plus universel. Et combien cela est naturel ! Qu'on imagine, pour un instant, les protestants français placés sous le protectorat de l'Empereur allemand ; et qu'on essaie de se représenter la gigantesque impopularité qui résulterait pour nos compatriotes de la religion réformée d'une semblable situation !

Pourquoi voudrait-on — et c'est ici que je désirais en venir — que le jour où, cette puissante cause d'hostilité disparaissant, le peuple ne pourrait plus reprocher aux chrétiens d'être des ennemis de l'État, de pactiser avec l'étranger ; pourquoi voudrait-on que le peuple chinois, si raisonnable, si tolérant, si pacifique, se livrât contre eux à quelque Saint-Barthélemy sur le modèle occidental ? Cela ne serait ni dans ses mœurs, ni dans ses traditions. Au reste, la Chine sait fort bien que, dans une semblable éventualité, l'Occident tout entier s'armerait pour tirer une éclatante réparation d'un acte aussi sauvage et aussi inutile.

Non, rien de pareil n'est à craindre présentement en Chine, et j'ajoute : ne se produira vraisemblablement dans l'avenir. Car, le jour où les missionnaires ne seront plus placés sous le protectorat étranger, ils seront plus prudents dans leur propagande ; ils admettront et, au besoin, réclameront pour leurs établissements l'inspection des autorités indigènes ; ils se montreront, envers ces autorités, polis et déférents ; ils s'interdiront certaines menaces, certaines provocations, étranges dans la bouche des apôtres d'une religion de paix et d'amour, et peu faites assurément pour leur concilier les sympathies déjà si faibles du public indigène (1).

Et si, à la suite de cette attitude nouvelle, le nombre des chrétiens chinois n'augmente pas dans de sérieuses proportions — car je suis loin de partager, sur ce point, les espérances du respectable P. Louvet — du moins est-il permis de croire que la considération fort maigre dont ils jouissent présentement pourra s'en trouver quelque peu relevée. Personne assurément ne songera à s'en plaindre (2).

L'abandon du protectorat par la France est donc possible. Comment le réaliser? Nous répondrons à cette question dans le chapitre suivant.

(1) « Oui, tôt ou tard, IL FAUDRA RECOMMENCER LA GUERRE AVEC LA CHINE, réparer l'honneur de nos armes en Corée, et obtenir enfin l'entrée du Thibet et du Japon. La prise de Péking, l'incendie du palais d'Été sont déjà oubliés par les Chinois; la liberté religieuse qu'on avait conquise alors a été sans cesse entravée par une persécution latente, parfois même, comme nous venons de le voir, par des drames sanglants ; IL VIENDRA UN TEMPS OÙ IL SERA NÉCESSAIRE D'INTERVENIR : l'Angleterre le fera à cause de son commerce, LA FRANCE A CAUSE DE SES MISSIONNAIRES. »
Les Missions catholiques, Bulletin hebdomadaire de l'œuvre de la Propagation de la Foi, 9 février 1872.

(2) Qu'on m'entende bien ! Lorsque je critique la propagande des missionnaires, que je constate la parfaite inanité de leurs efforts, je ne me permets pas de mettre en doute un instant l'abnégation de leur vie, leur dévouement à leur cause, la pureté de leurs intentions.
Je dis qu'avec des intentions excellentes, ils font beaucoup de mal à la Chine, à qui assurément ils ne veulent que du bien, et presque autant à la France qu'ils aiment sincèrement, bien qu'à leur manière — qui ne me paraît pas la bonne.
Les hommes valent infiniment mieux que leur œuvre. J'ai visité une bonne partie des missions catholiques de Chine : de Péking à Shanghaï, de Shanghaï à Tchoung-King, au Kouei-Tcheou et au Yun-Nan. Partout j'ai trouvé chez les missionnaires l'accueil le plus empressé et souvent le plus cordial. Une bonne partie des politesses reçues s'adressaient certainement au représentant du « quatrième pouvoir », au correspondant d'un journal influent de Paris; mais les autres allaient, j'en suis sûr, au Français ou même parfois à l'Européen. Ces bons souvenirs devaient-ils m'empêcher de dire sur cette question des missions ma pensée tout entière? Je ne le crois pas : Amicus Plato, sed magis amica veritas.

CHAPITRE VI

L'abandon de notre protectorat est d'autant plus aisé qu'il est, en fait, plus qu'à moitié réalisé, depuis la mise en vigueur de la nouvelle convention citée au début de cette étude.

Les stipulations essentielles de cette convention sont les suivantes :

« Les évêques sont autorisés à demander à voir les vice-rois et les gouverneurs. » (Art. 1ᵉʳ.)

« Les évêques dresseront une liste des prêtres qu'ils chargeront spécialement de traiter les affaires et d'avoir des relations avec les autorités. » (Art. 2.)

« Lorsqu'une affaire de mission grave ou importante surviendra, l'évêque et les missionnaires du lieu devront demander l'intervention du ministre ou des consuls de la puissance à laquelle le pape a confié le protectorat religieux. Ces derniers régleront et termineront l'affaire soit avec le Tsoung-li-Yamen, soit avec les autorités locales. » (Art. 4.)

« Afin d'éviter de nombreuses démarches, l'évêque et les missionnaires pourront également s'adresser d'abord aux autorités locales, avec lesquelles ils négocieront l'affaire et la termineront. » (Art. 4.)

Quelle est l'exacte portée des stipulations que nous venons d'énumérer?

Voici :

Les évêques et les missionnaires arrangeront, à

l'avenir, leurs affaires directement avec les autorités indigènes ;

Ils n'auront plus recours au ministre de France et aux consuls que dans les cas où leurs réclamations ne seront pas admises ; nos représentants ne seront ainsi appelés à intervenir que dans les cas désespérés, c'est-à-dire dans les mauvaises affaires où, les torts principaux étant du côté des missionnaires, les autorités chinoises refuseront d'accorder les réparations demandées.

Dans des cas semblables, le représentant de la France sera appelé à la rescousse et devra jeter dans la balance l'épée de la France pour faire pencher le plateau qui contient la réclamation des missionnaires. Chaque intervention de ce genre équivaudra ainsi à un véritable *ultimatum* posé à la Chine par « la puissance à laquelle le pape a confié le protectorat religieux ».

Voilà quelle est notre situation depuis la conclusion de la convention Favier : je dis *la convention Favier ;* car je crois bien reconnaître dans la rédaction de la convention qui nous occupe la légèreté de main et l'exquis savoir-faire du jovial et machiavélique évêque de Péking.

On sent bien, sans que j'y insiste, combien la situation se trouve modifiée à notre détriment.

Tandis qu'auparavant *toutes* les affaires passaient par les mains de nos consuls et de notre ministre, qui agissaient en quelque sorte comme arbitres entre le gouvernement chinois et les missions ; que nos agents, s'ils étaient habiles et conciliants, pouvaient, dans l'exercice de cette haute magistrature, acquérir une certaine autorité auprès des fonctionnaires indigènes, dont profiterait à l'occasion leur mission politique et commerciale, aujourd'hui, par le moyen de la convention Favier, on interpose entre la Chine et nous une sorte de crible spécial qui ne laissera passer que les plus mauvaises affaires : celles qui ne pourront se résoudre qu'à l'aide d'une forte pression diplomatique, ou même à coups de canon. La France, qui jusqu'à ce jour pouvait être considérée comme un arbitre placé entre la Chine et l'Eglise, réglant en toute équité leurs différends réciproques, ne sera plus désormais qu'une sorte de croquemitaine que l'Eglise fera surgir de sa boîte dans les cas désespérés. Cette intervention sera l'*ultima ratio* des missionnaires dans leurs difficultés avec la Chine.

Mais, comme l'intérêt de la Chine et son prestige lui commanderont généralement de tout faire pour éviter notre intervention diplomatique, cette intervention se produira très rarement. Car la Chine préférera consentir aux exigences les moins défendables des missionnaires, plutôt que de provoquer l'intervention diplomatique de la France. Grâce à ce chantage d'un nouveau genre, l'Eglise pourra voir ses affaires matérielles prospérer ; mais l'impopularité de notre pays en augmentera encore, toujours sans aucun profit quelconque pour notre influence morale ou économique.

Quant à l'intervention militaire, suite logique d'un échec diplomatique, elle restera vraisemblablement toujours une menace vaine. Je ne vois pas, en effet, la France faisant la guerre à la Chine pour une affaire de missions. M. Hanotaux lui-même, qui inventa les chapelles expiatoires, reculerait, je pense, devant une pareille énormité !

Si donc il survenait une de ces affaires non arrangeables où il devra être fait appel au bras séculier de la France, il y a dix à parier contre un qu'elle se terminerait par une capitulation plus ou moins déguisée de notre part.

Ce jour-là, le Saint-Siège estimerait peut-être que la France a cessé de « se montrer à la hauteur de sa tâche » et ne « mérite plus de conserver le glorieux patrimoine qu'elle a reçu de ses ancêtres » (1). Il en profiterait pour nous déclarer déchus de notre protectorat, et l'on voit d'ici la posture grotesque, sinon dangereuse, où nous placerait un pareil désaveu.

La convention Favier a donc modifié profondément les conditions d'existence du protectorat; si profondément, que ce protectorat a pour ainsi dire cessé d'exister. Tout au plus pourrait-il renaître, un jour ou l'autre, dans l'hypothèse de quelque grave conflit entre la Chine et l'Eglise, qui nous placerait dans une situation aussi fausse que périlleuse.

Nous avons le droit de nous demander quelle est la pensée qui a inspiré les négociateurs de la convention susdite.

Du côté de la Chine, c'est évidemment le désir d'échapper aux continuels ennuis de notre intervention.

Du côté du Saint-Siège, c'est le désir d'augmenter l'autorité temporelle de l'Eglise, en l'admettant à traiter

---

(1) « La France a en Orient une mission à part que la Providence lui a confiée : noble mission qui a été consacrée non seulement par une pratique séculaire, mais aussi par des traités internationaux, ainsi que l'a reconnu de nos jours notre Congrégation de la Propagande, par sa déclaration du 22 mai 1888 (a).

« Le Saint-Siège, en effet, ne veut rien toucher au glorieux patrimoine que la France a reçu de ses ancêtres et qu'elle entend, sans nul doute, mériter de conserver, en se montrant toujours à la hauteur de sa tâche. » — *Lettre du pape Léon XIII*, du 20 août 1898, en réponse au cardinal Langénieux.

(a) Cette déclaration dit ce qui suit :

« On sait que depuis des siècles le protectorat de la nation française a été établi dans les pays d'Orient, et qu'il a été confirmé par des traités conclus entre les gouvernements. Aussi, l'on *ne doit faire à cet égard absolument aucune innovation*; la protection de cette nation, partout où elle est en vigueur, doit être religieusement maintenue, et les missionnaires doivent en être informés, afin que, s'ils ont besoin d'aide, ils recourent aux consuls et autres agents de la nation française. »

directement ses affaires avec les autorités indigènes. Les évêques sont désormais assimilés aux vice-rois et gouverneurs; ils traiteront avec ces hauts fonctionnaires sans intermédiaire. C'est, jusqu'à un certain point, la reconnaissance officielle de l'Eglise catholique par la Chine; et c'est là, au point de vue catholique, un résultat considérable.

La convention Favier est, sous une forme nouvelle justifiée par le succès, la suite des tentatives faites en 1886 et 1891 : la première fois, pour établir une nonciature à Péking; la seconde, pour organiser la hiérarchie catholique en Chine. La première tentative échoua devant la ferme résistance, les énergiques représentations de M. Constans, notre envoyé extraordinaire à Péking; l'autre fut arrêtée net par la publicité que je donnai, dans *le Temps*, aux négociations secrètes en cours (1).

(1) Je crois devoir reproduire ici la plus grande partie de mon article de 1891 :

« *Péking*, 12 *août* 1891.

« Mgr Anzer, l'évêque allemand du Chan-Toung, revenu d'Europe tout récemment, s'est rendu, ainsi que je vous l'ai annoncé, au Tsoung-li-Yamen, en compagnie de M. von Brandt, ministre d'Allemagne.

« De graves intérêts pouvaient seuls motiver une démarche aussi inusitée de la part d'un évêque missionnaire, et je m'étais bien promis d'en pénétrer le secret, s'il m'était possible. J'ai été assez heureux pour réussir. Je ne puis dire d'où je tiens mes renseignements, mais je vous en garantis la parfaite exactitude.

« Mgr Anzer est allé au Yamen pour remettre au prince King et aux ministres chinois une lettre du cardinal Rampolla renfermant des propositions du Saint-Siège en vue de l'établissement de la hiérarchie ecclésiastique en Chine. Je vous ai fait part de cette nouvelle par le télégraphe, et vous en aurez senti immédiatement toute l'importance. Permettez-moi pourtant d'y insister ici.

« Vous savez que les diverses missions catholiques établies en Chine (jésuites, lazaristes, missions étrangères, franciscains, etc.) sont actuellement tout à fait indépendantes les unes des autres et ne relèvent que de leurs supérieurs locaux et des supérieurs généraux d'Europe. Il existe bien un certain nombre d'évêques, ou plutôt de vicaires apostoliques, — car c'est le titre qu'ils portent officiellement, — mais ces prélats sont, en réalité, de véritables provinciaux qui ne dirigent que des missionnaires appartenant à l'ordre ou à la congrégation dont ils

Avec une très grande habileté, avec un doigté remarquable, Mgr Favier a repris l'affaire par un autre bout. Il a réussi. Encouragé par ce premier succès, le Saint-Siège réalisera à son heure le projet de hié

font eux-mêmes partie. La Chine n'étant pas *hiérarchisée*, les évêques, ou vicaires apostoliques, ne sont d'ailleurs pas titulaires d'un siège épiscopal en Chine, mais bien d'un évêché *in partibus infidelium*. C'est ainsi, pour ne citer qu'un exemple, que Mgr Sarthou, vicaire apostolique de Péking et Tcheli Nord, porte le titre d'évêque de Myriophite *in partibus*.

« Le projet présenté au Tsoung-li-Yamen par MM. Anzer et von Brandt aurait pour effet, s'il était réalisé, de modifier profondément cet état de choses. La Chine entière serait alors divisée, tout comme nos pays d'Europe, en un certain nombre d'évêchés et d'archevêchés dont les titulaires prendraient le nom, et les missionnaires, sans distinction d'ordre ou de congrégation, deviendraient de véritables curés de paroisse, étroitement soumis aux chefs de leurs diocèses respectifs. Un siège archiépiscopal, sans doute celui de Péking, aurait la primatie sur les autres et son titulaire grouperait sous sa direction les forces actuellement éparses, divisées parfois, des missionnaires de Chine.

« Ce changement, qui peut à première vue paraître n'intéresser absolument que l'Eglise, libre d'arranger ses propres affaires comme elle l'entend, est en réalité d'une portée beaucoup plus considérable. Il intéresse non seulement le Saint-Siège et la Chine — naturellement — mais aussi plusieurs puissances européennes, et la France tout particulièrement.

« On sait, en effet, que la France a revendiqué de tout temps le protectorat des missions catholiques en Orient. C'est elle qui, dans le cas spécial de la Chine, a — à tort ou à raison — assuré par les traités la protection efficace des missionnaires et de leurs églises. C'est notre légation à Péking qui avait toujours été, jusqu'ici, chargée de poursuivre auprès du Tsoung-li-Yamen et des autorités provinciales les réclamations de tous les missionnaires catholiques, sans distinction de nationalité, et nos représentants n'ont jamais failli à ce devoir de protection. On pourrait leur reprocher plutôt d'avoir apporté parfois trop de zèle dans l'accomplissement de leur fonction, en transmettant aux autorités chinoises des réclamations injustes ou peu fondées. Dans les derniers troubles du Yang-Tsé, ce sont nos bâtiments de guerre qui se sont trouvés presque partout les premiers sur les lieux, empêchant efficacement de plus grands désastres. Nous avons donc toujours rempli consciencieusement notre rôle de protecteurs.

« Ce protectorat — privilège ou charge, peu importe pour le moment — ne nous avait, du reste, jamais été sérieusement disputé. Je compte pour rien les tentatives plusieurs fois faites par le Saint-Siège pour établir une nonciature à Péking. Il a suffi, chaque fois, de fermes représentations auprès du Vatican pour que le projet fût abandonné.

« C'est cette année seulement que, à la suite des démarches faites par Mgr Anzer à Rome et à Berlin, notre protectorat a reçu sa première atteinte, par le retrait de la mission allemande du Chan-Toung, qui a

rarchie et celui de la nonciature. Ai-je besoin de dire que je n'y vois, pour ma part, aucun inconvénient ? à une condition, cependant, c'est que la France renonce officiellement à son protectorat.

passé officiellement sous l'égide de l'Allemagne. Mais ce n'était là qu'un ballon d'essai. Comme nous n'avons pas protesté, on va de l'avant. Il s'agit aujourd'hui d'enlever à la France, non plus le protectorat de telle ou telle mission isolée, mais le protectorat des missions tout entier; car c'est là, comme je vais le montrer, le véritable sens des négociations engagées en ce moment entre le représentant de Léon XIII et le Tsoung-li-Yamen.

« Le projet actuel est, en réalité, légèrement adouci seulement dans la forme, l'ancien projet d'une nonciature à Péking que nous avions toujours repoussé, et qui revient sur l'eau, aujourd'hui, dans des circonstances qui le rendent encore beaucoup moins acceptable qu'autrefois.

« Jusqu'ici, en effet, le Saint-Siège avait toujours, même au temps des négociations pour la nonciature, admis notre droit de protectorat exclusif. Aujourd'hui, il vient d'entamer ce protectorat, en faisant abandon à l'Allemagne de la mission du Chan-Toung. Qui nous garantit que demain l'Italie, après elle l'Autriche, la Belgique, l'Espagne ne revendiqueront pas à leur tour la protection de leurs missionnaires ? De plus, les négociations actuelles sont engagées, par-dessus notre tête, entre le Saint-Siège et la Chine, et cela par l'entremise de l'Allemagne. Nous avons bien le droit de trouver cela suspect.

« Aussi le Saint-Siège sait-il bien qu'il est absolument impossible à la France d'accepter son projet. Un primat à Péking, qui serait probablement — qui pourrait être, en tout cas — un Italien ou un Allemand, serait un véritable nonce sous un autre nom et présenterait pour nous exactement les mêmes inconvénients. Nous resterions donc simplement, en fin de compte, le gendarme du Saint-Siège pour la protection des quelques missions qu'il lui plairait de nous laisser.

« Une pareille situation est évidemment tout à fait inacceptable. Le Saint-Siège ne s'y trompe pas, et il compte probablement sur notre refus pour déclarer purement et simplement qu'il renonce à notre protectorat et qu'il arrangera, à l'avenir, directement ses affaires avec la Chine.

« S'il n'y avait en jeu, dans tout ceci, que le Saint-Siège, la Chine et nous, il est probable que le meilleur parti à prendre pour nous serait de consentir à cet arrangement. Peut-être est-il regrettable qu'au moment du traité de 1885 on n'ait pas négocié dans ce sens, afin d'obtenir en échange de la Chine des avantages plus sérieux. Je dis *peut-être*, car la question est complexe et ne peut être résolue dans ces quelques lignes hâtives.

« Mais la situation, aujourd'hui, est toute différente. Nous ne sommes plus en présence seulement de la Chine et de Rome : il y a derrière elles l'Allemagne, agissant comme syndic de la triple alliance; de plus, notre protectorat n'est plus entier. Il n'est donc plus question, pour nous, d'abandonner de notre plein gré un prétendu privilège qui est,

Elle le doit à sa propre dignité. On déclare, en effet, que notre protectorat est toujours entier. Nous savons qu'il n'en est rien : le protectorat est en lambeaux ; il n'en subsiste que les charges, sans un seul avantage quelconque. L'édifice du protectorat, au fronton duquel flottait jusqu'à ce jour le drapeau de la France, porte aujourd'hui à son plus haut sommet les couleurs du Vatican. Il ne saurait nous convenir d'accepter cette situation humiliée, sans prestige et sans force, grosse des plus grands dangers pour l'avenir.

Puisque le vicaire du Christ croit pouvoir traiter ses affaires directement avec le Fils du Ciel, de grâce, ne l'en empêchons pas ! Conformons-nous à la logique de cette situation nouvelle : cessons de nous faire, contre tout droit, toute raison et contre tous nos intérêts, les défenseurs de la foi catholique en Chine. Le rôle est en vérité trop ingrat et trop ridicule !

en réalité, une simple charge sans compensation et une source permanente de difficultés et de conflits avec la Chine. Il ne s'agit de rien moins que de nous laisser déposséder, violemment en quelque sorte, au profit (?) sans doute de l'un ou de l'autre des membres de la triple alliance (l'Allemagne ou plus probablement l'Autriche, puissance catholique), d'une situation que nous avions toujours maintenue jusqu'ici, dont nous avons été plus qu'exacts à remplir les obligations, aux dépens même de notre influence réelle dans ce pays. Cela, nous ne pouvons le permettre, car ce serait un coup terrible, peut-être mortel, porté à notre prestige, tant moral que matériel, en Chine et en Europe.

« Le projet de *hiérarchie* étant écarté comme inacceptable, deux partis restent à examiner : le maintien du *statu quo*, et un autre dont je dirai quelques mots.

« Le *statu quo*, il est déjà entamé, depuis le récent arrangement relatif à la mission du Chau-Toung. De plus, rien, absolument rien ne nous en garantit le maintien ; car nous n'avons évidemment aucun moyen d'empêcher l'Italie ou l'Autriche de protéger leurs missionnaires le jour où cela leur fera plaisir, et il serait, du reste, profondément ridicule de prétendre protéger les gens malgré eux.

« Un dernier parti s'offre seul à nous, c'est l'acceptation de la nonciature, mais avec sa conséquence logique : l'abandon complet, absolu, définitif du protectorat par la France.

« Nous avons repoussé autrefois la nonciature, parce qu'elle nous paraissait inconciliable avec notre protectorat, que nous tenions à con-

Mais qu'aucune équivoque ne subsiste ! Il ne s'agit pas d'une renonciation tacite ou incomplète. Il faut que la Chine, peuple et fonctionnaires, sache clairement quelle est la situation désormais faite aux missionnaires et aux chrétiens.

Nous voudrions que la France prît l'initiative d'une convention avec la Chine, qui pourrait être rédigée comme suit :

« Art. 1er. — La France, voulant donner à la Chine un gage non équivoque d'amitié et de bon vouloir, reconnaissant combien son intervention dans les affaires de missions est désagréable au gouvernement chinois, dénonce, d'accord avec la Chine, tous les articles des traités relatifs à la religion chrétienne, notamment l'article 13 du traité de Tientsin (1858) et l'article 6 de la convention de Péking (1860), et déclare abandonner sans aucune réserve le protectorat qu'elle exerçait jusqu'à ce jour sur les missions catholiques.

« Art. 2. — La Chine s'engage à ne reconnaître à au-

server. Aujourd'hui, ce protectorat est pour ainsi dire en lambeaux ; il n'existe plus. La nonciature ne présente donc plus les mêmes inconvénients. Et, du reste, quand même elle en présenterait, nous n'avons plus le choix qu'entre la *hiérarchie* et la nonciature. Entre deux maux, on dit qu'il faut choisir le moindre : ici, le choix n'est pas douteux.

« La nonciature nous débarrasse du protectorat, et pourtant ce protectorat ne passe pas officiellement à une autre puissance. En cas de difficultés avec la Chine, le Saint-Siège traite directement avec le Fils du Ciel, sauf à faire appuyer ses réclamations par la puissance qui voudra le soutenir. Cela ne nous regarde plus. Les missionnaires français qui viendront en Chine y viendront à leurs risques et périls, sachant qu'ils n'ont plus à compter sur une protection spéciale, et nos agents diplomatiques et consulaires recevront naturellement l'ordre de leur refuser tous passeports pour l'intérieur. Ce sera l'abandon absolu du protectorat avec toutes les charges qu'il nous impose.

« Au lieu de passer la meilleure partie de son temps à réclamer auprès du Tsoung-li-Yamen pour des missionnaires qui, loin de nous rendre le moindre service, font partout exécrer le nom de la France en jetant sur elle le fâcheux reflet de leur impopularité, notre légation aura le loisir de s'occuper davantage de nos intérêts politiques et économiques. La Chine y gagnera comme nous-mêmes. »

Lettres de Chine (*le Temps*, 5 novembre 1891).

cune autre puissance le rôle de protecteur exercé jusqu'ici par la France.

« Art. 3. — L'empereur de Chine se déclare le seul
protecteur des chrétiens, qui auront toute liberté de
professer leur religion, pourvu qu'ils le fassent sans
violer les lois de l'Empire et sans blesser les sentiments
du peuple.

« Art. 4. — La Chine sera libre d'admettre un représentant officiel du Saint-Siège, avec lequel elle réglera
les affaires relatives aux missionnaires. »

Il serait aussi contraire à notre dignité qu'à la bonne
politique et à nos véritables intérêts de faire de cet
abandon le prétexte à des demandes d'avantages commerciaux ou autres. Il importe beaucoup que l'abandon
soit fait sans aucunes conditions autres que celles
indiquées dans notre projet de convention. A ce prix
seulement, il pourra porter les fruits que nous en atten-
dons.

Cette convention devrait naturellement être insérée
dans la *Gazette de Péking* et affichée par tout l'Empire,
accompagnée d'un décret impérial prêchant la tolérance
envers les chrétiens et les étrangers.

CHAPITRE VII

Voici donc le protectorat aboli, au moins par hypothèse, et la France déchargée du lourd et inutile fardeau qui lui fut jadis imposé par une politique imbécile.

Quelles vont être les conséquences du nouvel état de choses ainsi créé?

Nous pensons que les rapports entre les missionnaires et les fonctionnaires indigènes s'en trouveront notablement améliorés : les premiers montreront aux seconds plus de déférence, et obtiendront en retour plus de courtoisie. Les missionnaires consentiront sans doute. sans se faire trop prier, à laisser inspecter leurs établissements et surtout leurs orphelinats (prétextes à tant de bruits fâcheux) par les autorités indigènes. C'est un des principaux *desiderata* formulés autrefois (en 1871). dans ce fameux *mémorandum* du Tsoung-li-Yamen qui souleva tant de colères dans le camp des missionnaires. Je viens de relire en entier ce long document et suis stupéfait de penser que des réclamations aussi justes, présentées sur un ton très convenable, aient pu jadis si fort surexciter la bile de nos publicistes de sacristie (1). Ce qui eût paru impossible du temps de l'intran-

(1) Nous croyons devoir donner ici d'assez larges extraits du fameux *mémorandum* de 1871. Ils suffiront pour en faire connaître l'esprit :

« Le but que les Puissances et la Chine se sont proposé à l'origine en signant des traités a été d'établir une situation permanente leur assurant des avantages réciproques et écartant les abus. Cependant, l'expérience des dernières années a démontré que non seulement ces traités ne remplissent pas ce but de permanence, mais qu'ils sont dès à

sigeant Pie IX semblera tout naturel sous l'opportuniste Léon XIII.

En échange de cette concession, évidemment très agréable à la Chine, Rome obtiendra facilement cette *hiérarchie* qui lui tient tant à cœur et dont elle a dû jusqu'ici ajourner l'établissement.

présent d'une exécution difficile. Le commerce n'a point occasionné des différends entre la Chine et les Puissances. Il n'en est pas de même des missions, qui engendrent des abus toujours croissants. Bien qu'il ait été déclaré à l'origine que l'objet premier des missions était d'exhorter les hommes à la vertu, le Catholicisme, en suscitant des embarras au peuple, a produit en Chine un effet contraire. (Ce résultat fâcheux) est uniquement attribuable à l'inefficacité du mode d'action (suivi en la matière). Il est donc urgent d'aviser à remédier au mal et de rechercher une solution satisfaisante de la difficulté. En effet, cette question est de celles qui influent sur les grands intérêts de la paix des nations, et sur ceux, également considérables, de leur commerce. Partout où les missionnaires catholiques ont paru, ils se sont attiré l'animadversion du peuple, et Votre Excellence n'ignore pas que les affaires qui se sont présentées depuis plusieurs années renfermaient des points de désaccord de toute nature.

. . . .

« En vue de sauvegarder les grands intérêts de la paix générale et de remédier aux abus signalés plus haut, le Prince et les membres du Yamen ont l'honneur de soumettre à l'examen de Votre Excellence un projet de règlement en huit articles, qui a été également communiqué aux Représentants des autres Puissances.

« Article 1er. — Les chrétiens, lorsqu'ils fondent un orphelinat, n'en avertissent pas les autorités et ont l'air d'agir avec mystère; de là les soupçons et la haine du peuple.

. . . .

« Article 2. — Les femmes ne devront plus entrer dans les églises, ni les sœurs de charité demeurer en Chine pour y enseigner la religion. Cette mesure ne fera que rendre les chrétiens plus respectables et aura pour résultat de faire cesser les mauvais bruits.

. . . .

« Article 3. — Les missionnaires résidant en Chine doivent se conformer aux lois et aux usages de la Chine.

. . . .

« Article 4. — Les Chinois et les étrangers vivant ensemble doivent être conduits d'après les mêmes règles. Par exemple, si un homme en tue un autre, il doit être puni, si c'est un Chinois, selon la loi chinoise, si c'est un étranger, selon la loi de son pays.

. . . .

« Article 5. — Les passeports délivrés aux missionnaires français qui pénètrent dans l'intérieur devront clairement porter mention de la province et de la préfecture où ils comptent se rendre.

. . . .

« Article 6. — Le but des missionnaires étant d'exhorter les hommes

Une représentation diplomatique du Saint-Siège à Péking complétera cette organisation nouvelle.

Ce sont là de pures questions de forme que la Chine réglera volontiers suivant les vœux du Saint-Siège, parce qu'elles ne la gênent réellement en rien.

Hiérarchie et nonciature sont les conséquences logiques, inévitables, de la convention Favier : la hiérar-

à la vertu, il importe qu'avant d'admettre un individu dans la religion, on examine s'il a subi quelque condamnation ou s'il a commis quelque crime. Si l'enquête est en sa faveur, il peut se faire chrétien; dans le cas contraire, cela ne doit pas lui être permis.

. . . .

« Article 7. — Les missionnaires doivent observer les coutumes chinoises, et ne s'en écarter en rien; ils ne doivent pas, par exemple, faire usage de sceaux réservés aux fonctionnaires seuls. Il ne leur est pas permis d'envoyer des dépêches à un yamen, de quelque importance qu'il soit.

. . . .

« Article 8. — Les missionnaires ne devront pas réclamer comme appartenant à l'Eglise les biens qu'il leur plaira de désigner; de cette manière, aucune difficulté ne s'élèvera. Si les missionnaires veulent acheter un terrain pour y bâtir une église, ou louer une maison pour y établir leur résidence, ils devront, avant de conclure le marché, aller avec le véritable propriétaire faire une déclaration à l'autorité locale, qui examinera si le *foung-choui* ne présente aucun empêchement. Si l'autorité juge qu'il n'y a aucun inconvénient pour le *foung-choui*, il faudra alors demander le consentement des habitants de l'endroit. Ces deux formalités remplies, on devra, en outre, dans le texte du contrat, suivre le règlement paru la 4e année du règne de Toungtche, c'est-à-dire déclarer que le terrain appartient en toute propriété aux chrétiens chinois.

. . . .

« Les règlements que nous proposons aujourd'hui sont la dernière expression de notre ferme volonté de protéger les missionnaires et ne comportent rien de malveillant pour eux. S'ils s'efforcent sincèrement de s'y conformer, la bonne harmonie pourra être maintenue; si, au contraire, les missionnaires considèrent ces mêmes règlements comme attentatoires à leur indépendance ou contraires à leurs rites, ils peuvent renoncer à prêcher leur religion en Chine. Le gouvernement chinois traite ses sujets chrétiens et non chrétiens sur un pied d'égalité parfaite; c'est la preuve évidente qu'il n'est pas contraire à l'œuvre des missions. En revanche, les missionnaires se laissant duper par les chrétiens, ne restent pas fidèles à leurs devoirs. De cet état de choses doivent résulter une haine des masses, contre laquelle il sera bien difficile de lutter, et un ébranlement général du bon ordre qui rendra toute protection impossible. Mieux vaut dès à présent dire franchement la vérité. »

chie, reconnaissance publique de la religion catholique, parce qu'elle sera en quelque sorte l'explication, la justification du rang officiel désormais reconnu aux évêques; la nonciature, parce que la Chine ne saurait mieux traiter qu'avec un représentant régulier du Saint-Siège les multiples affaires intéressant la religion catholique.

Il va de soi que, une fois libérée de son protectorat, la France n'aura plus qualité pour intervenir dans de semblables négociations. Nous devrons *ignorer* désormais totalement la question des missions et les missionnaires eux-mêmes (français et étrangers), et, quel que soit le *modus vivendi* qu'institueront d'un commun accord la Chine et le Vatican, nous nous interdirons à cet égard toute intervention et même toute appréciation.

Et quand même — il est permis de faire cette hypothèse, quelque improbable qu'elle soit — quand même le Saint-Siège confierait à une autre puissance le protectorat que nous aurions abandonné; quand même la Chine consentirait à cette substitution, notre intérêt serait encore de nous abstenir de toutes représentations. Le protectorat, nous l'avons vu, constitue, pour la puissance qui l'exerce, non point un accroissement de force ou d'influence, mais bien une cause d'embarras, de faiblesse, de discrédit et d'impopularité. Pourquoi irions-nous empêcher une puissance rivale de s'affaiblir?

Notre situation vis-à-vis de la Chine est de la sorte — toujours par hypothèse, malheureusement — parfaitement franche et nette. Nous n'avons plus à débattre avec elle que des questions politiques ou des questions économiques.

Les questions politiques sont relatives à notre situation de voisins de la Chine dans nos possessions indochinoises. Nos relations actuelles sont bonnes : toute la politique du gouverneur général de l'Indo-Chine doit consister à les améliorer sans cesse. De nombreux Chinois sont fixés dans nos possessions : ils constituent un élément important de leur prospérité commerciale. Il faut leur en rendre le séjour agréable. En relations constantes avec leurs compatriotes de Chine, ces colons seront d'excellents instruments de pacification. Je ne verrais plus, quant à moi, aucun inconvénient à accorder à la Chine la faculté d'installer des consuls à Haiphong et à Saïgon — surtout à Saïgon. Cette concession serait agréablement accueillie et pourrait nous valoir quelques réciprocités.

Nous ne pouvons avoir le dessein, dans ces pages hâtivement rassemblées, de traiter même superficiellement la question de nos rapports avec la Chine. Qu'il nous suffise de dire que, cette question des missions écartée, nulle cause de discorde n'existe entre nous et l'Empire du Milieu. La Chine a pris son parti de notre établissement au Tonkin. Elle sait que nous comptons y rester et ce n'est pas elle, en tout cas, qui pourrait songer à nous en chasser. L'ancienne lutte pour la suprématie en Annam est presque oubliée (1). La Chine a depuis ce temps perdu la Corée et Formose ; elle a vu la Russie s'installer à Port-Arthur, l'Angleterre à Wei-Hai-Wei, l'Allemagne à Kiao-Tcheou. L'affaire du Tonkin est bien loin !

Nos rapports avec la Chine pourraient être excellents,

____

(1) Cette lutte n'eût jamais pris l'importance qu'elle a prise, si notre diplomatie avait été mieux au courant des questions chinoises et avait compris clairement à quelles susceptibilités on se heurtait. La lutte aussi ne fût jamais passée du terrain diplomatique sur le terrain militaire, sans la trahison du diplomate qui représentait à cette époque la République à Péking. J'ai examiné ailleurs (*les Scandales du quai d'Orsay*, Paris, 1893 ; *la Trahison Bourée, Lettre ouverte à M. Félix Faure*, Paris, 1898) le cas de M. Bourée, ministre de France à Péking en 1883, écrivant à Li Houng-Tehang : « RÉSISTEZ ; LA FRANCE CÉDERA. » Le fait de cette trahison est désormais acquis à l'histoire.

une fois le protectorat abandonné. C'est notre intérêt, à elle et à nous, qu'ils le deviennent en effet. La Chine n'a rien à gagner et tout à perdre à se brouiller avec nous. Elle sera au Tonkin la meilleure des voisines, pourvu que nous encouragions, si peu que ce soit, ses bonnes dispositions.

J'en ai dit assez sur ce sujet pour faire sentir que la politique que je recommande est une politique de franche amitié envers la Chine. Outre que c'est l'attitude naturellement indiquée envers une voisine aussi sincèrement pacifique, notre intérêt nous la commande impérieusement. L'Indo-Chine, qui nécessite encore de si lourdes dépenses militaires, se gardera facilement avec quatre ou cinq mille hommes de troupes européennes, le jour où nous aurons adopté vis-à-vis de la Chine la politique amicale que je préconise. Mon idéal serait aussi qu'il n'y eût pas, dans toute l'Indo-Chine, plus d'une quarantaine de fonctionnaires français *triés sur le volet*. Voilà qui est bien éloigné de notre pratique actuelle! Ceci soit dit en passant.

De bonnes relations politiques avec la Chine ne peuvent manquer de favoriser notre influence économique.

Je trouve parfaitement légitime, désirable même, que la France ait sa part très convenable dans les demandes de concours divers que la Chine va être de plus en plus appelée à faire à l'Occident. Fournitures de guerre, outillage industriel pour mines ou chemins de fer, officiers, ingénieurs et contremaîtres, professeurs, voilà, en matériel et en personnel, des débouchés qui pendant quelque temps s'offriront assez nombreux à des branches variées de l'activité occidentale. Il n'est que juste que la France en ait sa part, et ce n'est assurément pas la violence ou les mauvais procédés qui la lui procureront.

Ajoutons, pourtant, que si l'évolution qui entraîne actuellement la Chine, un peu à son corps défendant, dans la voie des transformations économiques nous paraît inévitable, elle est grosse de difficultés de toute sorte qu'on peut prévoir, sinon empêcher. L'autre jour, c'étaient les ouvriers des mines d'étain de Kouo-Tsiou, au Yunnan, qui se soulevaient contre les autorités, pillaient la douane et le consulat de France de Mong-tse, parce qu'ils jugeaient leurs intérêts compromis par l'introduction imminente des méthodes européennes. De semblables difficultés se produiront encore souvent, à propos de chemins de fer, de mines, de bateaux à vapeur, etc.

Il est, à notre avis, du devoir des puissances et de leurs représentants d'aider sincèrement le gouvernement chinois à aplanir les difficultés de cet ordre qui surgiront et d'assurer, à propos des perturbations économiques qu'entraîneront inévitablement les nouveaux rapports avec l'Occident, la protection efficace des intérêts indigènes.

Les mines, par exemple, devront, autant que possible, être exploitées par les villageois syndiqués et ceux-ci convenablement intéressés dans les profits de l'exploitation.

Si le gouvernement chinois est sage, s'il a vraiment le souci de l'avenir moral des populations, il interdira d'une manière absolue le travail des femmes dans la grande industrie. S'il est impossible — et je le regrette — que la Chine échappe à tous les inconvénients du régime capitaliste, au moins faut-il souhaiter qu'elle n'en connaisse que le minimum. Il est particulièrement désirable que l'organisation chinoise, plus qu'à moitié collectiviste, soit conservée et même développée en l'ajustant aux nécessités nouvelles. Il est inutile de favoriser dans ce pays la création d'une féodalité financière. Mais c'est le gouvernement chinois que ces questions regardent principalement. Saura-t-il les résoudre suivant les vrais intérêts du pays?...

Ces brèves indications font suffisamment entrevoir dans quel ordre d'idées pourra se déployer l'activité de nos consuls et de nos diplomates, lorsqu'on aura soulagé leurs épaules du lourd *impedimentum* du protectorat. C'est, semble-t-il, une tâche faite pour tenter des jeunes hommes intelligents et curieux que cette haute mission de conciliation entre deux civilisations à certains égards contradictoires : il y faut de hautes et rares qualités morales, un esprit libre de préjugés religieux, une activité infatigable.

Il importerait donc de choisir avec un soin particulier ceux de nos agents de tous grades, diplomates, consuls ou interprètes, que nous envoyons en Extrême-Orient. Tout clérical, tout catholique est par ce fait même impropre au service d'Extrême-Orient. Cela est rigoureusement vrai et appuyé sur les faits. Le massacre de Tientsin, par exemple, n'aurait jamais eu lieu sans les imprudences et le zèle religieux du malheureux consul Fontanier, qui paya du reste de sa vie ses maladresses. L'échauffourée de Shanghaï, qui coûta, l'année dernière, la vie à plusieurs indigènes inoffensifs, et à propos de laquelle la France perdit si fâcheusement la face, est due aux mêmes influences (1).

(1) « Il est fort à craindre que le comte de Bezaure, consul général de France (à Shanghaï) et l'un des plus justement populaires parmi les agents diplomatiques français en Extrême-Orient, n'ait été soumis à une influence troublante pour avoir été amené à présenter à Nan-king les demandes que le vice-roi, S. Exc. Liou, a si fermement rejetées. Il est très certain que l'élément laïque, l'élément commercial de la colonie française, ne désire nullement l'extension particulière que M. de Bezaure a demandée. Mais nous aurons la clef de l'attitude du consul général en remarquant que, tandis que les intérêts commerciaux de la France sont nuls tant à Pou-toung que dans le faubourg qui

J'ai parlé des chapelles expiatoires de M. Hanotaux. C'est sous le même ministre que fut ordonnée la reconstruction de l'église de Tientsin (incendiée en 1870 lors du massacre et restée depuis à l'état de ruine), projet dont la réalisation faillit amener un nouveau soulèvement antieuropéen. Tous nos ministres des affaires étrangères sont les serviteurs conscients ou inconscients de l'irresponsable *camarilla* cléricale qui dirige le quai d'Orsay.

Nos observations sur les missions de Chine s'appliquent avec des modifications presque insignifiantes aux missions catholiques du Levant. Là aussi le protectorat est une cause d'impopularité pour la France

s'étend entre la ville chinoise et la rivière, les sociétés religieuses, elles, ont de grands intérêts dans ces districts. On se plaint depuis longtemps en Chine que la propagande catholique dans ce pays s'appuie beaucoup trop sur la politique, et l'hostilité inspirée dans l'intérieur par les chrétiens catholiques n'est pas créée uniquement par le côté religieux de l'œuvre de l'Eglise romaine. Dans un article récent du *Spectator*, l'auteur, examinant le fonctionnement du système catholique en Europe, dit : « C'est précisément cette intense mondanité « de l'Eglise qui choque les consciences ; la politique de la curie romaine « semble basée uniquement sur des considérations de politique pure « et même d'avantages financiers ; l'Eglise du Christ, telle que Rome « nous la présente, se réduit à une pure politique terrestre, s'efforçant, « par les moyens de la diplomatie ordinaire et même, à l'occasion, par la « force effective, d'étendre son pouvoir temporel et son royaume de ce « monde. » La prudence et l'habileté pratiques avec lesquelles les organisations religieuses en Chine « ajoutent maison à maison et terrain à terrain » ont sans doute un but louable, mais les moyens employés sont souvent contestables, et comme il arrive parfois en pareil cas, ces moyens contrarient leur propre but. . . . .

« Il est fort peu douteux que le comte de Bezaure, qui est très aimé par tous, tant à Shanghaï que dans les autres ports où il a résidé, a agi sous une influence qui a fait immensément de bien en Chine, mais qui tombe dans l'erreur lorsqu'elle prétend atteindre des fins religieuses par des moyens très *temporels*. Il faut se rappeler que l'*Eglise* catholique, quelle que soit la nationalité de ses prêtres, doit obéissance à Rome et que les intérêts de la nation à laquelle appartiennent les missionnaires ne viennent qu'en seconde ligne. Supposons que le viceroi consente aux demandes de M. de Bezaure. Nous savons tous qu'une émeute s'ensuivrait, bien autrement grave que celle de l'été dernier. Les missionnaires voudraient-ils charger leurs consciences des morts des Chinois et peut-être des étrangers que cette émeute entraînerait ? » (*North-China Herald* du 19 décembre 1898.)

et une source de difficultés et de dangers sans compensation (1).

Au point de vue de notre influence réelle, il est désastreux. Nous nous posons en face de l'Islam comme les défenseurs de la croix. Or, nous sommes en Afrique une importante puissance musulmane. Notre intérêt est donc de ménager l'Islam et même — cela n'est nullement chimérique — de nous le concilier.

Au lieu de cela, nous encourageons, en face de l'Islam, la propagande catholique, dont les progrès sont, dans le monde islamique, encore plus nuls que dans le monde chinois. De quelle utilité peut être pour notre influence une semblable politique?

L'Islam pourrait être en Afrique, entre nos mains, un admirable instrument de civilisation. C'est l'opinion des hommes les plus compétents dans les affaires africaines, notamment de M. Binger et de M. d'Attanoux. Si nous ne voulons pas ou ne savons pas utiliser au profit de notre influence cette force si considérable, du

---

(1) Dans le Levant, comme en Chine, le grand argument, c'est l'influence française et la *propagation de la langue française.* Près de 800,000 francs sont affectés annuellement par la France à cette propagande. Le détail de l'emploi du crédit est des plus amusants : on voit, par exemple, que les trappistes, *muets par profession,* sont chargés d'enseigner notre langue; et M. Georges Berger, dans son rapport déjà cité, rend hommage à leurs qualités « d'éducateurs et d'agents précieux de l'influence française ».

Les établissements laïques d'Orient reçoivent en tout 10,000 francs (je dis dix mille) sur 800,000 francs. M. Berger nous assure que « la population de ces régions a, en général, une préférence marquée pour un enseignement confessionnel quelconque ». Il estime qu' « il n'existe pas là de question religieuse; la question seule de la propagation de l'influence française est considérée. Est-il besoin de rappeler qu'aujourd'hui encore, dans tout l'Orient, qui dit catholique dit Français ? »

C'est évidemment aussi pour développer l'influence française qu'un jésuite de Syrie, le P. J.-G. Hava, a publié, cette année même, à l'*Imprimerie catholique de Beyrouth,* un *Arabic-English Dictionary.*

Le P. Hava a-t-il reçu pour cette publication une subvention du gouvernement français ?

moins ne la surexcitons pas contre nous, en encourageant les tentatives des missions catholiques.

Voyons, Monsieur Hanotaux, Monsieur Delcassé, vous n'avez pas, je pense, la prétention, à cette aube du xx° siècle, de renouveler la tentative avortée du moyen âge et de reprendre, pour le compte de notre France athée ou sceptique, le vieux duel, interrompu depuis des siècles, entre la croix et le croissant! Sans doute l'Occident — vous dites, vous, *la chrétienté* — pourrait, en agissant de concert, détruire les forces combinées de l'Islam, et faire régner, au prix de gigantesques tueries, la *pax christiana* en Asie et en Afrique. Mais où donc est le Pierre l'Ermite qui réveillera nos ardeurs éteintes?

Non; ce projet, ou plutôt ce rêve, a pu hanter seulement les cerveaux de quelques illuminés irresponsables : il est pratiquement irréalisable. Il faut donc nous résigner à voir les deux ennemis héréditaires, l'Islam et le Christianisme, continuer à demeurer face à face, irréductibles, irréconciliables, jusqu'à leur mort !

Si le cycle des croisades est fermé; si l'on n'égorge plus guère au nom de la Divinité, on massacre ferme, en revanche, au nom de la Civilisation. Ces promenades militaires des blancs à travers l'Afrique, auprès desquelles les incursions d'un Attila ou d'un Timour font, en vérité, l'effet de promenades sentimentales, n'ont d'autre objet, comme chacun sait, que de civiliser les pauvres noirs. L'opinion publique, égarée par la folie chauvine, trompée par les prédications des faux prophètes coloniaux, qui exploitent sa naïveté ou son ignorance, supporte encore l'idée des sacrifices humains que réclame le culte nouveau de la Civilisation.

Mais, je me trompe fort, ou ces fusillades continuelles de nègres sans défense, les atrocités avouées (1), les

(1) Les chapelets d'oreilles de noirs, les ballots de mains coupées les cadavres déterrés et profanés, les balles *dum-dum*, et le reste.....

horreurs qu'on devine, tous ces *gestes de Dieu* ou de la Civilisation, par les Francs, les Anglais, les Belges ou les Américains, nations chrétiennes ou cataloguées comme telles, ne tarderont pas à dégoûter le public. La puanteur d'abattoir qui monte de l'Afrique et des Philippines commence à soulever les cœurs les plus solides. On finira bien par s'apercevoir que, sous prétexte de civilisation, on nous ramène tout droit à l'anthropophagie !

Dans le cas de la Chine — j'y reviens après cette longue digression, dont je m'excuse — les procédés que nous condamnons seraient encore, s'il se peut, moins excusables qu'ailleurs.

Sa vieille civilisation, si différente de la nôtre, ne lui est cependant pas inférieure. La morale de Confucius, la morale bouddhique, sont très supérieures, à notre avis, à la morale chrétienne. Les institutions politiques et sociales de la Chine, sans être parfaites bien entendu, ont assuré depuis des siècles sans nombre, d'une manière suffisante, l'existence de la nation.

Il a manqué à cette civilisation de l'Extrême-Orient, pour être l'égale de la nôtre, la connaissance de la science abstraite, création unique du génie grec dont les circonstances nous ont faits les héritiers. Cette science et ses applications pratiques, qui font la force matérielle de nos sociétés occidentales, nous les communiquerons à la Chine ; elle ne demande qu'à les recevoir de nos mains.

Ce qu'elle repousse, ce sont les entreprises des hommes noirs d'Occident, qui viennent insulter à ses vieilles croyances, aux pratiques si touchantes, si respectables de son culte des ancêtres et des héros, véritable religion de l'Humanité qui, nous en avons l'espoir, sera aussi la seule croyance des Occidentaux de demain — et pour lui substituer quoi? l'hommage hypocrite à un Dieu incompréhensible et vague, sur le nom même duquel les missionnaires des diverses sectes ne s'accordent pas entre eux (1) !

La France républicaine ne peut continuer à se faire, contre tout droit, contre toute raison, la protectrice de semblables entreprises. Son intérêt, à défaut du sentiment de son devoir, lui commanderait de renoncer au protectorat religieux.

Nous voudrions espérer que ces pages hâtives, où nous nous sommes efforcé de présenter les aspects principaux d'une question entre toutes importante et actuelle, pourront convaincre un certain nombre de nos hommes politiques de cette impérieuse nécessité.

Nous souhaiterions de voir un de nos députés prendre l'initiative, à propos de la discussion du budget de 1900, d'une proposition tendant à réduire de 50,000 fr. (part revenant aux « écoles françaises » d'Extrême-Orient) le crédit de 800.000 francs faisant l'objet du chapitre 9 des affaires étrangères, sans préjudice, bien entendu, de la suppression, au budget de 1901, de ce crédit de 800,000 francs tout entier.

La Chambre pourrait, en même temps, par une résolution motivée, inviter le ministre des affaires étrangères à négocier sans retard l'abandon de notre protectorat religieux.

Quoi qu'il advienne, cette question est, dès à présent, posée devant l'opinion.

Nous souhaitons que la solution ne s'en fasse pas trop longtemps attendre !

____

(1) Les catholiques traduisent *Dieu* par *Tien-Tchou* (Maître du ciel) ; les protestants anglais par *Chang-Ti* (Seigneur suprême) ; les Américains par *Tchen-Chen* (le vrai Dieu).